감정 일기의 힘

감정에 끌려다니는 당신을 멈추게 할

감정 일기의 힘

정윤주 지음

The Power of
an Emotion Diary

시크릿하우스

감정, 내 삶을 다스리는 최고의 무기

세상에는 막강한 위력을 지닌 무기들이 많습니다. 나날이 발전하는 과학과 기술에 아이들이 성인이 되면 우주여행이 해외여행만큼 일상화될 것 같습니다.

무섭도록 발전하는 세상과 초격차 시대에서도 아직은 핵무기보다 강력한 무기가 없다고 하지만, 실상은 이보다 더 강력한 무기가 존재한다는 사실을 알고 계신가요? 전쟁을 일으킬 것인가 말 것인가, 평화를 유지할 것인가 말 것인가, 결혼을 할 것인가 말 것인가, 도전을 할 것인가 말 것인가, 친구와 좋은 관계를 유지할 것인가 말 것인가, 이 물건을 살 것인가 말 것인가처럼 삶의 크고 작은 선택의 순간마다 반드시 앞서는 것이 있습니다.

세상 모든 사람에게 주어져 있지만 제대로 활용할 줄 아는 자에게

만 승리를 가져다주는 이 무기의 이름은 바로 '감정'입니다.

순간적으로 욱해서, 혹은 기분이 너무 좋아서 일을 망치거나 그르친 적이 얼마나 많으신가요? 흔히 감정은 뜻대로 할 수 없는 영역에 속해 있다고 하지만 정말 뜻대로 할 수 없을까요?

저 역시 오랜 기간 감정의 노예로 살면서 감정은 통제 밖의 실존이라고 여겼습니다. 때로는 못 견디게 벗어나고 싶지만 뜻대로 할 수 없는 어렵고 두려운 존재, 신기루 같지만 늘 존재감을 과시하며 결국에는 저를 굴복시키고 마는 신적인 존재였습니다. 그래서, 때로는 받아들이기 어려운 결과에 대해서는 감정에 책임을 떠넘길 수 있었습니다.

저는 감정 일기를 작성하며 처음으로 감정과 오롯이 직면할 수 있었고, 직면이라는 용기를 내자 감정을 어떻게 느끼고 다루어야 하는지 알게 되었습니다. 더불어 감정 뒤에는 감정을 일으킨 욕구가 숨어있다는 사실도 말이지요.

내 삶을 다스리는 가장 큰 무기인 감정을 다스리면 무엇이든 할 수 있습니다. 세계 최고의 칼이 있어도 파만 썬다면 그 칼은 식도로 전락해 주방에서 나올 수 없습니다. 최고의 칼을 용도에 맞게 사용하는 방법을 배우고 꾸준히 연습한다면 어떻게 될까요? 세계 최고의 장수가 되는 것은 시간 문제겠지요.

이 책은 저의 〈감정의 주인으로 사는 감정 코칭〉 온라인 수업을 들었던 수강생들의 '강의 내용이 책으로 나오면 큰 도움이 될 것 같다'라는 요청에서 출발했습니다. 다른 소중한 이들에게도 감정 일기 쓰기를 알려주고 싶다면서요.

강의를 책으로 정리하면서 감정 일기를 써야 하는 이유, 쓰는 방법, 구체적인 효과를 최대한 상세하게 담으려 했습니다. 그저 감정을 꺼내놓기만 하는 천편일률적인 감정 일기 형식에서 벗어나, 30개의 주제 감정에 따라 각각의 감정을 심층적으로 이해하도록 구성했습니다. 매일 하나씩, 30개의 감정을 마주하면서 독자 여러분은 내면과의 대화를 할 수 있을 것입니다.

또한 먼저 일기를 썼던 다른 분들의 다양한 감정 일기 사례를 담았습니다. 다른 사람의 감정 일기를 보면서 독자분들은 '아! 나만 이렇지 않구나' 하는 안도감과 동질감을 느낄 수 있으리라 생각합니다. 하루 15분, 감정 일기를 쓰는 시간을 통해 매일 자신의 삶을 이끌어나가는 즐거움을 맛보시면 좋겠습니다.

독자 여러분이 감정의 노예에서 감정의 주인으로, 삶의 변방에서 중심으로 나아가는 여정에 이 책이 든든한 동반자가 되기를 소망합니다.

정윤주

감정 일기를 쓴 사람들의 이야기

"솔직히 말씀드리면 전 따로 개인 상담을 받고 있기 때문에, 이런 감정 일기가 얼마나 도움이 될까 싶었어요. 상담 선생님께서 권유하셔서 감정 일기를 쓰기 시작해 봤는데, 아무래도 혼자 작성하니까 막연하고 하루 이틀 쓰면 귀찮아서 미루는 게 태반이었어요. 그래서 감정 일기 수업을 신청한 건데… 신청하지 않았으면 평생 후회했을 거예요. 저 이제는 상담 안 받는 거 아시죠? 상담받으러 가서도 말하지 못했던 내밀하고 수치스러운, 창피한 제 밑바닥을 일기에 토하는 경험은 큰 충격이자 새로움이었어요. 그동안 제가 힘든 감정을 피하려고 얼마나 이리저리 도망쳤는지 알 수 있었어요. 심지어 돈과 시간을 들인 상담에서도 정직하지 못한 게 사실이에요. 그런데, 큰 기대를 하지 않았던 감정 일기를 통해 자기 공감과 사랑을 체험할 수 있었어요. 이렇게 내면의 바닥까지 토하고 마주한 적은 사십 평생에 처음이에요. 진짜로 농담 아니고, 어릴 때부터 감정 일기 작성을 필수 교육 과정에 넣어야 할 것 같아요."

우리나라 최고 기업에 재직하고 모두가 부러워하는 전문직 남편과 결혼했지만, 불안장애로 약을 복용하던 연경 씨. 감정 일기 후기를 말하는 연경 씨의 얼굴은 초반의 경직되고 날카롭던 표정과 달리 부드러운 미소를 지으며 생기마저 돌았습니다. 일류 대학을 나와 일류 기업을 다니는 엘리트 코스만 밟아왔지만, 늘 열등감과 초조함, 인정 욕구에 목말라 했습니다. 그럴수록 힘든 내색은 하지 않은 채 더 높고 완벽한 기준을 제시하며 목표만 보고 달렸습니다. 더 높고 쉽사리 성취하기 어려운 일을 해내면 자신의 가치와 존재를 증명하고 인정받을 수 있다고 생각했습니다. 그래서 연경 씨는 고슴도치처럼 모든 신경을 곤두세우고 더 나아지기 위해, 더 성취하기 위해 자신을 채찍질했습니다.

연경 씨가 원한 사랑, 인정, 관심, 평화와 안정, 안심은 더 월등한 목표를 이루면 얻을 수 있다고 여겼습니다. 더 많은 일과 공부를 하지 않으면 사랑과 인정을 받을 수 없다고 생각했기 때문에 마음 놓고 쉴 수 없었습니다. 휴일에도 배달 음식으로 때웠고 유일한 취미는 쇼핑이었습니다. 쇼핑으로 힘든 감정과 수고를 일시에 보상받을 수 있었기 때문에 주말 반나절은 쇼핑으로 시간을 보냈습니다. 하지만 집에 와서 쇼핑백을 여는 순간 만개했다 시들어 버리는 꽃처럼 행복 역시 시들었습니다. 그때마다 연경 씨는 더 비싸고 좋은 것을 사면 공허한 마음을 채울 수 있다는 생각에 더욱더 자신을 가혹하게 몰아세웠습니다.

　약과 상담에 어느 정도 도움을 받았지만 큰 변화를 느끼지 못했기 때문에 고작 감정 일기 따위로 평안과 안정을 얻을 수 있다고 생각하지 않았습니다. 시작할 때만 해도 연경 씨의 마음은 의심과 의구심이 한가득이었습니다.

　하지만 어느 누구의 개입 없이, 오롯이 자신과 마주하는 시간을 통해 평생 피하고 외면하던 과거의 상처를 마주하고, 자신의 감정에 깊이 이해하고 공감하는 시간을 보내며 감정 일기의 중요성을 깨달았습니다. 연경 씨는 6주 과정을 끝내고 얼마 후, 처음으로 병원에서 받은 약이 줄어들었다는 반가운 소식을 전해주었습니다.

　"이제는 아무리 피곤해도 감정 일기는 꼭 쓰고 자요. 이런 제가 얼마나 기특하고 대견한지 몰라요. 자책과 비난에 익숙하던 제가 혼자서 칭찬도 막 해요."

　반갑고 기쁜 소식은 연경 씨뿐만이 아닙니다.

　"6주 동안 감정과 욕구에 대해 배우고 작성하면서 내면의 묵은 때를 모두 벗겨낸 기분이에요. 이렇게 홀가분하고 시원할 줄 몰랐어요."(30대 교사)

　"감정 일기의 도움을 많이 받아서 아이들도 쓰게 하고 싶은데요. 아이들이 이렇게 쓸 수 있을지, 그리고 제가 코치님처럼 제대로 도와줄 수 있을지 자신이 없어요. 그래도 일단 시도해 보려고요."(40대 주부)

　"저 시니컬한 거 아시죠? 꽤나 틱틱거렸잖아요. 평생 이성적인 사람이라고 생각했는데 무지막지하게 감정적인 사람이라는 사실을 처음 알았어요. 인정하기 싫었지만 인정하고 나니 저를 좀 더 포용할 수 있게 되었어요. 요즘 남편이 저보고 유해진 것 같다고 해요. 사람이 죽을 때가 가까워지면 변한다면서 그냥 하던 대로 하고 살라고 농담도 해요."(50대 강사)

"그동안 얼마나 무의식이라는 이름 뒤에 숨어서 비겁하게 굴었는지 알았어요. '무심코 나도 모르게 한 거니까 난 책임 없어, 어쩔 거야? 당신이 기분 나쁘게 하지 않으면 나도 그러지 않으니까 당신이 잘해. 난 원래 이런 사람인데 어쩌라고?' 이게 거의 고정된 생각이었던 것 같아요. 그런데 욕구를 인지하고 나니 제 욕구만큼 남편 욕구도 소중하다는 사실을 머리가 아닌 마음으로 받아들일 수 있었어요. 물론 여전히 투닥거리기는 하지만 전처럼 싸움이 험악해지거나 며칠씩 말을 안 하는 일은 드물어요. 진짜 놀라운 발전이죠. 남편도 감정 일기를 쓰면 좋겠는데 아직 남편한테 권하기는 쑥스럽네요."(30대 공무원)

"감정을 어떻게 바라보고 해소해야 하는지 태어나서 처음 알았어요. 왜 이런 교육은 하지 않을까요? 학교 공부도 중요하지만, 자신의 감정과 욕구를 알고 다루는 방법을 배우는 것이 기초가 되어야 건강한 사회가 될 것 같은데요. 진작 알았다면 평생 이런 죄책감과 자괴감에 살지 않았을 텐데 아쉬워요. 그래도 이 나이에라도 저를 진심으로 돌아보고 보듬고, 더 나아가서 성장까지 할 수 있어서 너무 좋은 기회였어요. 앞으로 남은 삶을 기대할 수 있게 되었어요. 감정 일기는 제 평생 동반자가 될 거예

저는 매일 밤 아이들과 감정 일기를 나눕니다.

이렇게 효과가 좋은 감정 일기를 저만 작성하고 싶지는 않았습니다. 하지만 아무래도 아이들에게 거부감이 들 것 같아서 카카오톡 메시지로 가볍게 시작했습니다. 단톡방에 감정에 대한 짤막한 설명을 매일 아침 올린 후 주로 어느 때에 이 감정을 느끼는지, 오늘은 느꼈는지, 느꼈다면 언제 어떤 상황에서 느꼈는지, 그리고 오늘의 핵심 감정과 더불어 감사를 올리도록 했습니다. 거창한 형식보다 가벼운 문자가 부담이 없을 것 같았습니다.

물론 아이들이 처음부터 선뜻 시작하지는 않았기 때문에 소소한 보상을 약속했지요. 알주일 간 빠짐없이 작성할 경우 싫어하는 야채 일주일 면제권, 걷기 면제권 같은 것을 주기로 했습니다. 꽤 괜찮은 조건이라고 생각한 아이들 역시 가볍고 단순하게 시작했고, 저는 아이들의 감정 일기에 어떠한 평가나 판단을 하지 않았습니다.

시간이 흘러 바쁘고 피곤한 날은 감사만 물어보기도 하지만 이제는 일상이 되어 잠들기 전 스스로 오늘의 감정과 감사를 이야기하며 하루를 마무리합니다.

시작이 어려울 뿐 모든 시작에는 길이 있고 길에는 끝이 있습니다. 속도를 누릴 수 있는 고속도로가 있어도 들어서지 않으면 속도를 누릴 수 없는 것처럼, 길을 찾고 들어설 때 비로소 길이 주는 혜택을 누릴 수 있습니다.

자, 이제 무엇을 준비하면 좋을까요?

마음에 드는 노트 한 권과 필기감이 좋은 펜을 하나 사서, 오늘부터 바로 감정 일기를 써보세요. 감정과 욕구를 알고 이해하고 공감할 때 그토록 원하는 행복과 자유, 성장과 성취를 누릴 수 있습니다.

차 례

∴

[1장
왜 감정을 조절하지 못할까?]

2장

감정은 습관이다

3장

감정 속 진실과 마주하자

4장

나만의 감정 일기를 쓰자

5장

감정의 주인으로 사는 감정 일기

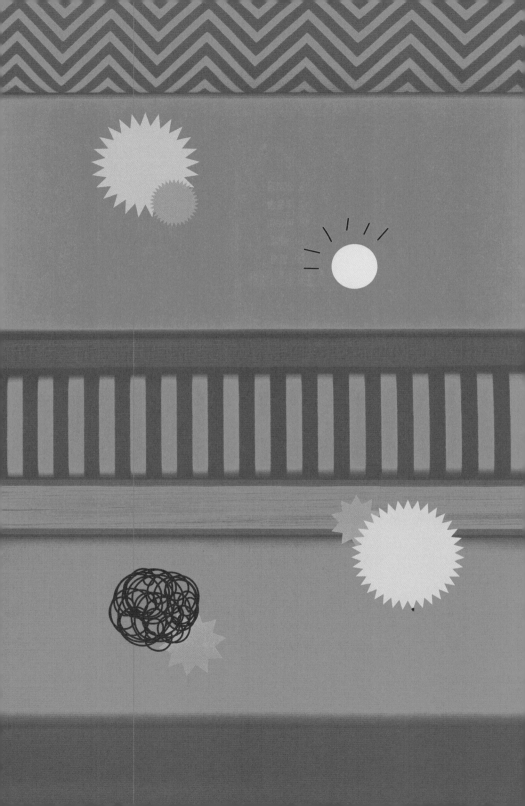

1장

왜 감정을
조절하지
못할까?

감정의
시한폭탄

그동안 발끝으로나마 간신히 지탱하고 있었는데, 이혼이라는 강력한 도화선에 저는 속수무책으로 무너졌습니다. 이혼은 제가 생각한 것보다 훨씬 크고 다양한 여러 가지 고통과 괴로움을 갖고 왔습니다. 물론 그전에도 두 아이의 ADHD(주의력결핍과잉행동장애)와 구순구개열, 틱으로 인한 어려움은 이미 제가 감당할 수 있는 한계치에 도달해 있었습니다.

당장 먹고 살아야 하는 현실, 모든 것을 제가 책임지고 감당해야 하는 현실이 펼쳐지자 눈앞이 캄캄했습니다. 막연히 캄캄한 것 같은 느낌이 아니라, 이혼과 함께 찾아온 불면증으로 잠을 제대로 잘 수 없었기 때문에 매일 몽롱하고 나른하고 피곤한 몸과 마음에 하루하루 버티는 것조차 힘겨웠습니다. 아무리 생각해도 나에게는 아무런 잘못이 없는데 대체 왜 이런 고통을 겪어야 하는지, 저는 매일 원망과 분노에 휩싸여 있었습니다. 아이들의 ADHD와 구순구개열, 틱은 물론 이혼과 불면증, 수면제를 끊으면서 겪은 금단증상까지… 모두 외부의 문제였고 저는 불쌍한 피해자일 뿐이었습니다. 내가 일으킨 문제가 아님에도 나만 속수무책으로 당한다는 생각에 잠은 더욱더 오지 않았습니다. 매일 심장이 벌렁거렸고 별것 아닌 일에도 화와 짜증이 올라왔습니다.

'행복하게 살고 싶어. 일상의 아름다움을 느끼며 감사하며 살고 싶은데 이게 뭐지? 대체 세상은 왜 나한테만 이렇게 가혹한 거야…?'

일상은 지옥과 다름없었습니다. 아이들 놀이 치료부터 사회성 치료, 감각 통합 치료와 같은 치료는 물론 양한방의 치료를 모두 동원했지만 아이들은 호전되지 않았습니다. 제가 할 수 있는 모든 노력을 기울였지만 무엇 하나 바뀌지 않는 모습에 절망감과 좌절감만 깊어졌습니다. 언제 그토록 견고하게 뿌리를 내렸는지 알 수 없을 정도로 삶은 갈등과 다툼으로 가득했습니다. 그럴수록 저는 나를 이렇게 만든 세상에 원망을 한가득 퍼부었고 불평과 불만은 일상이 되었습니다.

저는 7년간 복용하던 수면제를 끊으며 생각지 못했던 지독한 금단증상을 겪었습니다. 잠을 자지 못하고 몸이 불편하고 괴로운 것을 넘어서 자살 충동과 극심한 통증, 우울증과 공황장애까지 겪었습니다. 그러나 수면제를 힘들게 끊어낸 이후, 살아있는 것이 기적이고 감사라는 사실을 온전히 깨달으며 처음으로 내면의 감정에 직면할 용기를 낼 수 있었습니다.

불면증은 잠 자체의 문제가 아닌 고통스러운 제 감정에 원인이 있다는 사실은 익히 알고 있었습니다. 억누른 감정은 잊을만하면 여지없이 존재를 드러내며 폭탄처럼 터지곤 했습니다. 오랜 기간 억압하고 억눌렀던 감정을 더 이상 그대로 둘 수 없었습니다. 누군가 감정의 시한폭탄을 제거해 주기 원했지만, 제가 아닌 그 누구도 할 수 없었습니다. 더 이상 감정에서 도망가고, 감정을 억압해서는 해결되지 않는다는 사실은 삶의 밑바닥에 다다르고 나서야 비로소 받아들일 수 있었습니다.

> 더 이상 두려워하지 말고, 봉인을 해제하고 더 나아가 해체하기로 했다. 장 안에 쌓여 있는 묵은 짐들을 정리하려면 밖으로 끄집어내는 것이 우선이듯, 봉인한 감정도 밖으로 꺼내어 눈으로 직접 보면 수월할 것 같아서 글로 쓰기로 했다.
>
> ─《나는 수면제를 끊었습니다》, 116쪽

시작은 가볍고 단순했습니다. 처음부터 내밀한 감정에 다가갈 용기가 없었기 때문에 매일 느끼는 감정부터 두려움과 선입견 없이 접근해 감정 일기를 작성하기 시작했습니다. 일반적인 일기와 달리 감정 일기는 하루의 핵심적인 감정에 집중해서 썼습니다. 그러다 ADHD인 아이들과의 다툼으로 인한 갈등과 화에 대한 감정을 떠올리고 일기를 쓰면서 인생을 변화시킨 깨달음을 얻게 되었습니다.

막연히 기대한 것 역시 나였고, 아이들의 다툼을 핑계로 기분이 나쁘다며 걷지 않고 돌아와 내내 화내며 속상해한 것도 결국 나였다. 그런데 왜 나는 아이들을 탓하며 화내고 속상해했을까?

순전히 내 선택이었다. 아무도 내게 화내거나 속상해하거나 기분 나쁜 하루를 보내라고 강요하지 않았다. 스스로 아이들의 다툼에 영향을 받기로 선택했고, 충분히 걸을 수 있었지만 기분이 나쁘다는 이유로 걷지 않았고, 그에 따라 아픈 손으로 힘들게 썬 당근을 버리는 속상함까지 더해진 오후 역시 내 선택이었다. 어떤 외부적인 상황 때문이 아니라 백 퍼센트 나의 선택으로 화가 난 하루를 보냈다.

－《나는 수면제를 끊었습니다》, 118~119쪽

감정 일기를 써본 뒤에야 제가 서운함과 속상함을 화로 표현한다는 사실을 처음으로 인식할 수 있었습니다. 또한 내면의 채워지지 않은 제 욕구, 즉 연결과 소통, 즐거움과 재미, 사랑과 인정, 예측가능성, 질서와 균형에 대한 욕구가 채워지지 않았을 때 '화'라는 감정으로 묶어서 표출하는 방식에 익숙해져 있다는 사실도 알게 되었습니다. 물론 보다 세밀한 욕구는 시간이 지나서 알게 된 부분입니다.

'내 감정의 책임은 나에게 있는데, 왜 아이들 핑계를 댔을까? 나는 어떤 상황과 자극에서도 얼마든지 스스로 선택할 수 있었어. 그동안 나에게 선택권이 있다는 사실을 알지 못했기 때문에 계속 이런저런 외부 요인을 탓하며 살았던 거야.'

저에게는 화가 아닌 다른 방식으로 얼마든지 저의 욕구를 충족하고 표현할 수 있는 선택권이 있었습니다. 그동안 선택권이 있다는 인식을 단 한 번도 해본 적이 없었기 때문에 모든 자극에 무의식적이고도 습관적인 말과 행동, 곧 제가 진정으로 원하는 것과는 무관한 방식으로 표현하며, 스스로를 고통스럽고 힘들게 했습니다.

더 이상 이렇게 지낼 수 없었습니다. 제가 원하는 삶은 이런 삶이 아니었습니다. 저는 물론 아이들 역시 진심으로 있는 그대로 사랑하면서 화목하고 행복하게 살고 싶었습니다. 하지만 당시 저는 수면제 금단증상으로 걷지도 못해 기어다닐 정도로 아무것도 할 수 없는 형편이었습니다. 그래서 아무것도 할 수 없던 가운데 할 수 있는 몇 안 되는 것 중 하나인 감정 일기 쓰기에 온 힘을 쏟았습니다.

저는 감정 일기를 작성하면서 제 감정과 욕구를 처음으로 객관적으로 바라볼 수 있었습니다. 어떻게 써야 하는지 알지 못했지만 일단 쓰기 시작했습니다. 그러자 제 감정과 욕구를 관찰자의 시점에서 받아들일 수 있었습니다. 그래서 일단 무조건 쓰는 데 초점을 맞추었습니다. 단 한 줄이라도 괜찮았습니다. 욕을 써도 괜찮았습니다. 오직 매일 제 감정을 꺼내어 직접 보면서 알아가는 시간에 집중했습니다.

당신도 감정 일기를 통해 감정의 주인이 될 수 있습니다. 감정의 주인으로 사는 삶은 온전히 당신의 선택입니다.

감정의 책임은
나에게 있다

남편과 딸이 오늘 저녁 일정이 없다고 하자, 명선 씨는 모처럼 온 가족이 함께 저녁 식사를 할 수 있다는 생각에 장을 보고 준비하느라 분주한 오후를 보냈습니다. 어느덧 남편이 돌아올 시간이 되었습니다. 갑자기 남편에게서 오랜만에 동창과 만나기로 했다며, 먼저 저녁 식사하고 기다리지 말고 자라는 연락이 왔습니다. 집에서 저녁 식사를 한다고 했던 딸도 저녁 약속이 생겼다며 급하게 외출 준비를 합니다. 준비한 음식을 보니 명선 씨는 오후 내내 뭐했나 싶은 생각에 서글픔과 속상함, 외로움이 밀려들고 왈칵 짜증이 올라왔습니다.

'내 생각 하는 사람은 한 명도 없네…. 둘 다 이기적이야…! 내일 아침은 각자 알아서 챙겨 먹든 말든 신경 쓰지 말아야지.'

명선 씨는 왜 서글프고 속상하고 외로움과 함께 짜증을 느꼈을까요? 이기적인 남편과 딸 '때문이니' 명선 씨의 감정은 남편과 딸이 책임져야 할까요? 이들은 명선 씨에게 미안함을 표현해야 할까요?

다시 한번 살펴보겠습니다. 모처럼 온 가족이 함께할 저녁 식사를 준비하기 위해 명선 씨는 장을 보러 갔습니다. 마트에서 주차하던 중 가벼운 실랑이가 있었습니다. 별 문제는 없었지만 신경을 써서 그런지 집에 도착한 명선 씨는 몹시 피곤했습니다. 쉬고 싶었지만 음식을 준비하며 곧 도착할 남편을 기다렸습니다. 그때 갑자기 남편이 동창과 만난다며 저녁 식사하고 먼저 자라는 연락을 했습니다. 집에서 저녁 식사를 한다던 딸 역시 저녁 약속이 생겼다고 외출 준비를 합니다. 이때 명선 씨는 어떤 기분일까요?

'오늘 한 음식은 아쉽지만 넣어 놨다 내일 먹자. 오늘은 빨리 치우고 눕자. 다행이야. 잘됐어.'

식사를 준비하고 남편과 딸을 기다린 상황은 첫 번째와 두 번째 상황 모두 동일하지만, 명선 씨의 감정은 사뭇 다릅니다. 두 번째 상황의 명선 씨에게서는 안심과 안도, 편안함과 홀가분함마저 느낄 수 있습니다. 그렇다면 이때 느낀 명선 씨의 감정에 대한 책임은 누구에게 있을까요? 남편과 딸 '덕분에' 느낀 안심, 안도, 편안함과 홀가분함이니 이들에게 고마워해야 할까요?

그런데 좀 이상하지 않으신가요? 명선 씨는 동일한 상황에서 어떻게 완전히 상반된 감정을 느꼈을까요? 두 번째 상황의 경우 주차장에서의 실랑이라는 변수가 있었기 때문일까요?

그렇지 않습니다. 바로 명선 씨의 욕구에 차이가 있기 때문입니다. 첫 번째 상황에서 명선 씨는 사랑, 관심, 인정, 친밀함, 가까움,

연결과 소통, 상호성, 중요하게 여겨짐, 존재감, 예측가능성에 대한 욕구를 지니고 있었습니다. 이러한 욕구들이 채워지지 않자 서글픔과 속상함, 외로움, 짜증을 느끼게 된 것입니다. 반면에 두 번째 상황에서는 편안함, 휴식, 안정, 안전, 돌봄, 자유, 자기 보호의 욕구들이 충족되자 안심과 안도, 편안함과 홀가분한 감정을 느낄 수 있었습니다.

그렇다면 명선 씨의 감정에 대한 책임은 누구에게 있을까요? 그렇습니다. 바로 명선 씨 자신입니다. 명선 씨의 감정은 자신의 욕구에서 야기된 것으로, 감정의 책임은 명선 씨에게 있습니다.

동의가 되면서도 뭔가 개운하지 않으신 가요? 예를 하나 더 들어 보겠습니다.

인수 씨는 주말에 여자친구와 영화를 보며 데이트하기로 했습니다. 티켓을 예매하고 영화 관람 후 저녁 식사를 위한 맛집도 검색해 놓았습니다. 드디어 기다리던 주말, 만나기 한 시간 전에 갑자기 여자친구에게서 전화가 왔습니다.

"미안하지만 오늘은 영화를 볼 수가 없어. 이유는 다음에 만나서 이야기할게. 일단 오늘 약속은 취소하자."

인수 씨는 이때 어떤 감정이 들까요? 다른 분들에게 만약 내가 인수 씨라면 어떤 감정이 들지 물어보니 '걱정된다, 당황스럽다, 어처구니없다. 난감하다, 짜증난다, 김이 샌다, 허탈하다, 실망스럽다, 속상하다, 화가 난다, 불안하다'는 반응이 많았습니다. 충분히 이런 감정들을 느낄만한 상황이지요?

그렇다면 다시 한번 살펴보겠습니다. 인수 씨는 여자친구와 주말에 영화를 보며 데이트하기로 했습니다. 오매불망 주말이 되기를 기다렸습니다. 그런데 금요일 저녁부터 콧물이 나고 으슬으슬 한기가 느껴졌습니다. 토요일 아침에 일어나니 머리도 무거웠습니다. 만나기 한 시간 전, 갑자기 여자친구에게 전화가 왔습니다.

"미안하지만 오늘은 영화를 볼 수가 없어. 이유는 다음에 만나서 이야기할게. 일단 오늘 약속은 취소하자."

여자친구의 전화를 받은 인수 씨는 어떤 느낌일까요?

"휴우, 다행이야. 잘 됐어!"

안도의 한숨과 함께 이런 말이 나오지 않을까요? 이 상황에서 만약 내가 인수 씨라면 어떨지 물어보니 실제로 '다행이다, 안심된다. 편안하다, 마음이 놓인다, 긴장이 풀린다, 홀가분하다, 개운하다, 평안하다'는 반응이 많았습니다.

동일한 상황에서 어떻게 감정의 차이가 나타날 수 있을까요?

첫 번째와 두 번째 상황 모두 데이트 약속을 갑자기 어긴 것은 인수 씨가 아닌 여자친구입니다. 그런데 동일한 상황에서 어떻게 이런 감정의 차이가 나타날까요? 명선 씨처럼 인수 씨도 상황마다 다른 욕구를 갖고 있기 때문입니다. 여자친구로 인해 데이트 약속이 취소된 사실에는 변함이 없지만, 그와 관계없이 인수 씨 자신의 욕구가 변했기 때문에 다른 감정을 느낀 것입니다.

이처럼 감정과 욕구는 떼려야 뗄 수 없는, 결코 홀로 존재할 수 없는 자석의 N극과 S극 같습니다. 모든 감정은 욕구에서 시작합니다. 욕구 없는 감정은 존재하지 않고, 욕구 없이 하는 말과 행동은 없습니다. 지극히 사소하고 의미 없어 보이는 말과 행동에도 욕구가 숨겨져 있습니다. 내 감정은 내 욕구로 인해 느끼는 것으로, 감정의 종류와 상관없이 모든 감정의 책임은 나 자신에게 있습니다.

우리는 대부분 감정의 책임은 자신에게 있지 않다고 생각합니다. 그중에서도 특히 부정적인 감정이라고 일컫는 화, 짜증, 불안, 초조, 분노, 외로움, 슬픔 같은 감정은 그런 감정을 일으킨 상대방의 말과 행동에 책임이 있다고 생각합니다. 그리고 그 책임이 있는 상대방에 대한 비난과 공격을 정당화합니다.

'네가 나를 화나게 했으니 내가 너에게 화내는 것은 당연해. 자업자득이야!'

하지만 두 사례에서 살펴본 것처럼 모든 감정의 책임은 나의 숨겨진 욕구에서 기인합니다. 어떤 외부 자극의 문제가 아닌 내 욕구의 문제입니다. 그렇다면 이런 생각을 할 수도 있습니다.

'내 욕구가 좋지 않은 욕구인가? 없어져야 하는 욕구인가?'

욕구는 인간이라면 누구나 지니고 있는 것입니다. 나쁜 욕구, 좋은 욕구는 존재하지 않습니다. 욕구 자체를 부정하고 무시할 수 없으며, 욕구를 없앨 수도 없습니다. 욕구는 나를 움직이게 하는 원동력이자 모태이기 때문입니다. 저마다 다른 삶의 과정에서 욕구가 충족된 경험이 많은 사람 혹은 손상된 경험이 많은 사람이 있을 수 있고, 과거와 현재의 욕구 충족도와 중요도 역시 다릅니다. 우리의 키와 얼굴이 모두 다른 것처럼 욕구 역시 다를 뿐입니다. 과거의 경험과 각자 처한 상황이 다르기 때문에 특정 욕구를 절대적으로 옳거나 그르다고 할 수 없습니다. 모든 욕구는 욕구 자체로 소중하며 존중

받아야 합니다.

　배가 고픈 사람이 음식을 먹고 싶어 하는 것, 잠이 부족하고 피곤한 사람이 쉬고 싶어 하는 것, 따뜻한 말과 돌봄을 받지 못한 사람이 사랑과 돌봄을 바라는 것, 대회에 출전해 상을 타서 인정받고 관심받고 싶은 마음 역시 자연스럽고 아름다운 욕구입니다. 어느 것 하나 소중하지 않고 존중받지 못할 욕구가 없습니다. 다만 각자 욕구를 충족하는 방식에서 갈등과 오해가 일어나게 됩니다. 배가 고프다고 도둑질을 정당화할 수 없고, 사랑과 관심을 받고 싶다고 거짓말을 하거나 상을 받고 싶다고 부정행위를 저지르면 안 되겠지요.

　흔히 이야기하는 긍정적인 감정과 부정적인 감정은 욕구 충족 여부가 기준이 됩니다. '행복, 기쁨, 즐거움, 재미, 만족, 감사'와 같은 긍정적인 감정을 느끼는 것은 욕구가 충족되었다는 의미이며, 부정적인 감정을 느끼는 것은 욕구가 충족되지 않았다는 의미입니다.

　외부 자극에 안테나를 곤두세우지 말고 자신의 욕구에 초점을 맞춰보세요. 욕구로 인한 감정이라는 사실을 인식하면 자신의 감정에 책임을 질 수 있습니다.

내 욕구를
정확하게 알아야 하는 이유

"엄마, 이거 사줘. 갖고 싶어, 사줘."

"집에 가기 싫어. 놀이터에서 놀 거야."

"이거 안 먹어. 먹기 싫어."

"이거 내 거야. 손대지 마."

아이들을 키우다 보면 일상적으로 접하는 말입니다. 아이들은 좋고 싫음의 구분이 매우 명확하고 그에 대한 표현 역시 거침없습니다. 있는 그대로 자신의 욕구를 표현하고, 자신의 뜻을 이루기 위해 수단과 방법을 가리지 않습니다. 때로는 길에 드러눕기도 하고 친구를 때리기도 합니다. 남의 물건을 빼앗거나 엉엉 울기도 하고 소리를 지르거나 집을 난장판으로 만들기도 합니다. 이처럼 아이들은 미숙한 태도로 자신의 욕구를 충족시키기 위해 최선을 다합니다.

"내 맘대로 할 거야. 내 마음대로 하고 싶어!"

내 맘대로 하고 싶고 내 뜻대로 하고 싶은 것은 성인이 되어도 마찬가지입니다. 다만 아이처럼 솔직하게 입 밖으로 꺼내지 못할 뿐입니다. 나무랄 데 없는 보고서를 제출했음에도 한숨을 쉬면서 다시 써오라는 부장님, 모처럼 1박 2일 여행 계획을 세운 주말에 갑자기 오신다는 시부모님, 형편없는 성적표를 받아오고도 게임하고 늦잠 자는 아들, 정성껏 준비한 반찬에 맛없다고 타박하는 남편, 여기에 세차만 하면 쏟아지는 비까지… 일상은 온통 내 뜻대로 되지 않는 것투성이입니다.

'내 뜻대로 되는 게 하나도 없네.'

성인이 되었지만 사회적인 관계의 기술을 장착해서 괜찮은 척, 그렇지 않은 척하며 오히려 욕구와 감정을 억누르기 마련입니다. 뜻대로 하고 싶은 마음을 드러내는 순간 이상하고 이기적인 사람, 무례한 사람이라고 낙인찍힐 것이 두려워 포장할 뿐입니다. 내 마음대로 되지 않을 때 낙담하고 속상하고 짜증이 납니다. 이때의 '내 마음, 내 뜻'은 무엇을 의미할까요? 바로 '욕구'를 뜻합니다.

우리는 욕구를 정확하게 인지하지 못한 채 '내 마음' 혹은 '내 뜻'이라는 단어로 두루뭉술하게 표현하는 것에 익숙합니다. 더 나아가 성인이 되면 욕구에 욕심이 더해진 '욕망'으로 변모하는 경우가 많습니다. 욕구가 욕망으로 변하면 자신의 욕구와 감정을 스스로 제어하지 못한 채 욕망에 이끌린 삶을 살게 됩니다. 삶의 목적과 가치가 오직 욕망에 맞춰져서, 자신의 욕구를 어떻게 표현하고 충족해야 하는지 모르는 어린아이처럼 욕망을 이루기 위해 수단과 방법을 가리지 않는 모습을 보입니다.

당신은 욕구를 인식하고 건강한 방법으로 욕구를 충족시키고 있나요? 아니면 욕망에 이끌려 수단과 방법을 정당화하고 있나요?

욕구를 알면
자존감이 향상된다

자존감 향상법, 자신감 높이는 법, 좋은 인간관계를 만드는 법, 인간관계를 위한 대화법, 고품격 매너 스킬, 성공 법칙 등 현대 사회는 자기계발이 하나의 트렌드가 되어 있습니다. 심지어 자기계발을 하나도 하지 않는 사람은 무능하고 뒤처진 사람으로 인식되기도 합니다. 그러나 자기계발로 인한 진정한 성장과 성공, 더 나아가 그로 인한 행복에 대한 본질은 자기계발의 방법에 있지 않습니다.

자기계발의 뿌리는 무엇일까요? 자기계발은 자신을 사랑하는 마음에서 시작합니다. 나 자신을 아끼고 사랑하기 때문에 성장을 통해 진정한 행복과 성숙을 누리고 싶은 마음, 그래서 지금 주어진 현실에서 할 수 있는 것을 배우고 익히는 과정과 적용이 자기계발입니다. 그러니 나를 사랑하지 않는 자기계발, 내가 존재하지 않고 남들이 좋다는 자기계발을 맹목적으로 따르는 것은 진정한 자기계발이라 할 수 없습니다.

자신의 욕구를 알고, 욕구와 감정을 적절한 말과 행동으로 표현할 수 있을 때 그토록 원하는 성공과 행복을 얻을 수 있습니다. 왜냐하면 욕구를 알고 자신의 욕구에 대해 스스로 공감하고 이해할 때 자존감이 향상하기 때문입니다.

자존감은 자신을 존중하는 마음, 곧 자신을 조건에 따라 평가하지 않고 존재 자체에 대한 가치를 인정하는 마음입니다. 자신의 진정한 욕구를 알고 수용하는 사람은 감정의 근원을 이해하기 때문에 스스로 책임지려고 합니다. 예전처럼 외부 자극에 발끈하지 않고 삶을 주도적으로 선택합니다. 익숙해져 있는 무의식적인 말과 행동에서 벗어나, 의식적이고 의도적인 말과 행동을 하기 위해 노력합니다.

자존감이 향상되면 감정에 대한 옳고 그름을 판단하지 않고 모든 감정에 편견 없이 자신을 공감하고 이해할 수 있습니다. 공감과 이해를 통해 스스로에 대한 사랑이 싹트는 과정에서 자존감은 꾸준히 향상합니다. 자존감을 올리는 첫걸음은 자신의 진정한 욕구를 아는 것에서 시작합니다. 자존감이 향상된다는 것은 나와 나 사이의 관계가 좋아진다는 의미입니다.

나와의 관계가 좋아지면 그다음에는 어떻게 될까요? 자연스럽게 주변의 다른 사람과도 관계가 좋아지고, 인간관계의 많은 부분에 긍정적인 변화가 일어납니다.

변화하고 싶은데 막연하고 어려우신가요? 욕구를 알게 될 때 변화가 시작됩니다. 다른 사람의 욕구나 세상의 원함이 아닌 내가 원하는 것, 감정 뒤에 숨어 있는 나의 욕구를 살펴보세요. 운명은 다른 사람으로 인해 변화하지 않습니다. 운명을 변화시키는 사람은 바로 나 자신입니다.

더 우월한 욕구는
없다

심리학에서는 욕구를 '사람을 움직이는 동인'이라고 합니다. 쉽게 말하면, 무엇을 얻거나 무슨 일을 하기 위해 바라는 모든 것을 의미합니다. 밥을 먹고 잠을 자고, 노래를 부르고, 친구를 만나고, 늦잠을 자거나 새벽 기상을 하고, 게임을 하는 것과 같은 단편적인 것부터 승진하고 싶은 마음, 1등을 하고 싶은 마음, 친구와 사이좋게 지내거나 절연하고 싶은 마음, 추운 날 연탄 봉사를 하거나 구세군 냄비에 기부하며 사회에 기여하고 싶은 마음 모두 욕구에서 비롯됩니다.

간혹 어떤 사람은 아무 생각 없이 '그냥' 말하고 행동한다고 합니다. '그냥 말했어, 그냥 했어, 그냥 좋아, 그냥 싫어'라면서 별 의미 없이 했다고 하는 경우가 있습니다. 하지만 정말로 아무 의미 없이 '그냥' 말하고 행동하는 사람은 단 한 명도 없습니다. 모든 말과 행동 뒤에는 욕구가 존재합니다. 소통, 연결, 인정, 관심을 원할 수도 있고, 기여, 성취, 보람, 배려와 같은 욕구일 수도 있습니다. 단순하고 간단해 보이는 '그냥'이라는 단어 뒤에는 수많은 욕구가 담겨 있습니다.

만약 욕구가 없으면 어떻게 될까요? 숨만 쉬고 있을 뿐 아무런 말과 행동을 하지 못하는 식물인간처럼 살아 있지만 온전한 인간다움을 지닌 인간이라고 할 수 없습니다.

미국의 심리학자인 에이브러햄 매슬로는 1943년 〈욕구 단계 이론〉을 발표했습니다. '매슬로의 욕구 5단계'라는 이름으로 널리 알려져 있기도 합니다. 매슬로는 중요도에 따라 욕구를 5단계로 나누었습니다. 가장 중요하면서 원초적인 욕구는 삼각형의 가장 아래에 위치한 생리적 욕구입니다. 당장 생명을 유지하고 의식주를

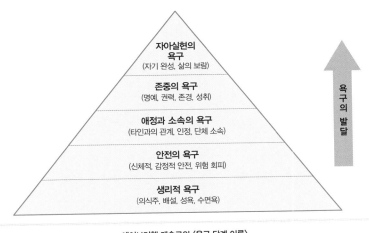

에이브러햄 매슬로의 〈욕구 단계 이론〉

해결하지 않으면 인간은 존재할 수 없습니다.

생리적 욕구가 충족되면 안전을 추구하게 됩니다. 여러 위험 요소로부터 자신을 안전하게 보호하고 지키고 싶은 욕구입니다. 안전의 욕구가 충족되면 애정과 소속의 욕구를 추구하고자 합니다. 가족이나 친구들과 관계를 맺고 원하는 집단에 속하고 싶은 욕구입니다.

그다음에는 다른 사람으로부터 인정받고 가치 있는 존재가 되고 싶어 하는 존중의 욕구입니다. 직장과 학교는 물론, 친구와 가족 사이에서 자신의 성과에 대한 인정을 받고 싶어 하는 욕구입니다. 마지막으로 삼각형의 최상단에는 자아실현의 욕구가 있습니다. 자아를 실현하기 위해 잠재력을 극대화해 자신이 원하는 모습으로 완성하고 싶어 하는 욕구입니다.

자아실현의 욕구는 하위 4단계의 욕구를 모두 충족했을 때 추구한다고 알려져 있습니다. 매슬로의 욕구 단계 이론에 따르면, 하위 단계의 욕구가 채워지지 않은 상태에서 상위 단계의 욕구를 채우는 것은 의미가 없다고 합니다.

오지에 출장을 가서 사흘 동안 씻지 못하고 제대로 먹지 못해서 배가 고픈 상황이라고 가정해 보겠습니다. 그 상황에서 상사가 업무 능력과 출장의 성과에 대해 입이 마르게 칭찬한다면 어떤 생각이 들까요?

'지금 그런 칭찬이 무슨 소용이야? 칭찬 대신 제대로 쉬고 먹을 수 있게 해달라고.'

이처럼 하위 단계의 욕구가 기본적으로 충족되지 않으면 상위 단계의 욕구를 추구하기 어렵습니다. 그렇다고 더 특별하고 소중하고 가치 있는 욕구는 존재하지 않습니다. 모든 욕구는 소중합니다. 자아실현의 욕구가 강한 사람이 생리적 욕구를 추구하는 사람보다 더 우월하지 않습니다. 그저 다른 욕구를 추구하고 충족하고 싶어할 뿐입니다. 모두 다른 감정의 뒤에는 각각의 욕구가 존재합니다.

욕구를 인식할 때 시작되는
자기 공감

욕구의 존재와 소중함을 알아야 하는 이유는 바로 욕구로 인해 감
정이 유발되기 때문입니다. 욕구가 충족되지 않아서 나타나는 대표
적인 감정으로 화, 분노, 짜증 등이 있습니다. 많은 사람들이 자신이
느낀 화와 분노, 짜증의 책임을 상대방에게 돌립니다. 왜냐하면 상
대방의 말과 행동 때문에 내가 이런 불쾌한 감정을 느꼈다고 생각
하기 때문입니다. '당신 때문에 내가 이렇게 화가 났으니, 당신은 내
감정에 책임을 져야 해. 내가 화를 폭언, 욕, 폭력적인 행동으로 나
타내는 것은 정당해'라고 여깁니다.

감정은 충족되었거나 충족되지 않은 욕구를 알려주는 신호등입니
다. 욕구가 충족되면 행복, 기쁨, 만족, 여유, 홀가분함과 같은 신나고
즐거운 초록 불이 들어옵니다. 반대로 욕구가 충족되지 않으면 화,

분노, 불안, 초조, 슬픔, 두려움과 짜증 같은 빨간 불이 들어옵니다. 나에게만 나타나는 신호가 아닌 모두가 알 수 있는 신호등입니다. 욕구의 존재는 이렇게 감정으로 오롯이 드러납니다.

감정이 내 욕구에서 발생한다는 사실을 알게 되면 내 감정에 책임을 질 수 있습니다. 또한 모든 욕구의 아름다움과 소중함을 인식하면 반드시 특정 욕구를 충족해서 실현하지 않아도 평안을 누릴 수 있습니다. 화, 분노, 불안, 슬픔처럼 욕구가 충족되지 않아서 나타나는 부정적 감정도 욕구의 아름다움과 소중함을 인식하면 안심과 안정의 긍정적 감정으로 변화합니다.

우리들 대부분은 직장 상사나 배우자, 또는 자녀 문제로 힘들어하는 친구를 공감해 본 경험이 있습니다. 속상한 마음을 털어놓은 친구에게 이렇게 말해주곤 합니다.

"대체 ○○은 왜 그런다니? 내가 뭐라고 한마디 할까? 네 속이 속이 아니겠어. 나도 이렇게 속상하고 마음 아픈데…."

진심 어린 공감에 낙담하던 친구가 어느덧 이렇게 이야기합니다.

"남들도 다 이러고 살겠지. 나만 이러겠어? 시간이 지나면 나아지겠지…."

공감은 문제를 해결하거나 상황 자체를 변화시키는 능력은 없습니다. 하지만 스스로 마음을 돌아보고, 현재를 직면한 뒤 일어나 그 상황과 거리를 둘 수 있게 합니다. 문제 해결 여부와는 관계없이, 현재를 딛고 일어설 에너지를 주는 것이 바로 공감의 힘입니다. 다른 사람과의 공감은 이렇게 판단과 평가 없이 상대방의 감정을 온전히 받아서 수용으로 돌려줄 수 있습니다.

그렇다면 혹시 자신을 공감하는 '자기 공감'이라는 말을 들어보신 적 있나요? 이런 단어를 들어본 적은 없지만 그동안 자신의 마음을 공감해 본 적이 있나요? 공감을 모르는 사람은 없지만, 자기 공감이라고 하면 대부분 낯설어합니다. 어려워하고 막연해하지요. 다른 사람을 공감해 본 경험은 있어도, 나 자신을 공감해 본 적은 없기 때문입니다.

공감은 일반적으로 '다른 사람의 상황이나 기분을 같이 느낄 수 있는 능력'을 말합니다. 그렇다면 자기 공감은 '자신의 상황과 기분을 스스로 느낄 수 있는 능력'을 말한다고 할 수 있습니다. 자신의 욕구를 인식하고 수용하는 것이 바로 자기 공감입니다. 자기 공감을 하는 방법도 타인에게 공감하는 것과 크게 다르지 않습니다.

● 자기 공감 하는 법

1. 나에게 당면한 문제와 고민에서 한 걸음 뒤로 물러나 현재 내 감정에 집중합니다. 공감은 해결과 관계없이 수용 그 자체이기 때문에 해결에 집착하지 않습니다.

2. 현재 느끼는 모든 감정을 하나씩 적어보세요. 불안, 초조함, 긴장, 서글픔, 우울 등 그 무엇이라도 괜찮습니다.

3. 감정 뒤에 숨겨진 욕구를 찾아보세요. 나에게 무엇이 필요하기 때문에, 나의 어떤 욕구가 채워지지 않아서 불안, 초조함, 긴장, 서글픔과 우울을 느꼈을까요? 이때 감정을 평가하지는 마세요. 감정은 욕구를 알려주는 신호등입니다. 욕구가 채워지면 초록 불이, 채워지지 않으면 빨간 불이 들어온다는 사실

을 기억하고, 감정을 평가하지 않습니다.

4. 찾아낸 욕구를 적어봅니다. 배려, 존중, 공감, 이해, 인정, 관심, 사랑 등 다양합니다. 욕구의 중요성을 인식하며 소리 내어 말합니다. "나는 배려, 존중, 공감, 이해, 인정, 관심, 사랑의 욕구가 중요하구나." 글로 작성해도 좋습니다.

5. 욕구의 중요성을 소리 내서 말하면 마음이 편안해지는 것을 경험할 수 있습니다. 이것이 자신의 욕구를 명확히 인식하고 수용하는 자기 공감입니다. 문제 자체의 해결은 일어나지 않지만 자기 공감을 통해 마음의 평안이 깃듭니다.

6. 마음에 평안이 깃들면 문제를 해결할 수 있는 방법을 찾을 수 있습니다. 혹여 방법을 찾지 못해도 공감이 주는 에너지로 자생력이 자라고, 에너지의 흐름이 변화합니다.

저와 함께 자기 공감을 연습했던 현정 씨의 이야기를 소개합니다. 현정 씨는 고3 수험생 자녀에게 상처받은 일이 있었습니다.

"엄마는 그것도 몰라? 다른 친구 엄마들은 진작에 유명 학원에서 컨설팅 상담받고 다른 학원 상담도 예약했다는데, 엄마는 종일 집에서 뭐해? 나 대학 떨어지면 다 엄마 때문이야!"

아이의 말에 현정 씨는 속상함, 화, 분노, 억울함, 서글픔, 불안, 우울을 느꼈습니다. 그러나 한편으로는 아이의 말처럼 자신의 부족함과 게으름이 문제인 것 같아서 친구에게도 속상한 마음을 차마 이야기하지 못했습니다. 스트레스가 많은 입시생 아이가 홧김에 한 말이니 그냥 넘길 만도 한데, 아이의 말은 계속 현정 씨의 마음에 남아서 자책과 자괴감을 일으켰고 불안이 커졌습니다.

현정 씨에게 이런 감정을 일으킨 욕구는 무엇일까요? 현정 씨는 속상함, 화, 분노, 억울함, 서글픔, 불안, 우울을 느꼈습니다. 이 감정들 뒤에 있는 현정 씨의 욕구는 배려, 존중, 상호성, 인정, 중요하게 여겨짐, 존재감이었습니다. 현정 씨는 자신에게 생각보다 많은 욕구가 있음에 놀랐고, 찾은 욕구를 보자 가슴이 먹먹하다며 울먹였습니다. 현정 씨는 욕구의 중요성을 인식하고 소리 내어 이야기했습니다. 그리고 잠시 욕구와 연결되는 시간을 보냈습니다.

"나는 배려, 존중, 상호성, 인정, 중요하게 여겨짐, 존재감의 욕구가 중요하구나."

현정 씨는 신기하게도 마음이 한결 가볍고 편안해졌다며 놀라워했습니다. 그리고, 아이가 어떤 마음이었을지 이해된다는 말을 덧붙이면서 앞으로도 꾸준히 감정 일기를 쓰면서 욕구를 찾고 인정하는 자기 공감 연습을 계속하기로 했습니다.

자기 공감은 어렵지 않습니다. 진정으로 나의 원함을 찾아서 인식하고 수용하는 것, 이것이 바로 자기 공감입니다. 나를 진정으로 공감할 수 있는 사람은 오직 나 한 사람입니다. 내 욕구로 인한 감정의 시작과 끝은 전적으로 나 자신에게 있음을 기억하세요.

1. 다양한 감정 목록

● 욕구가 충족되었을 때

감동받은, 뭉클한, 감격스러운, 벅찬, 환희에 찬, 황홀한, 충만한, 고마운, 감사한, 즐거운, 유쾌한, 통쾌한, 흔쾌한, 경이로운, 기쁜, 반가운, 행복한, 따뜻한, 감미로운, 포근한, 푸근한, 사랑하는, 훈훈한, 정겨운, 친근한, 뿌듯한, 산뜻한, 만족스러운, 상쾌한, 흡족한, 시원한, 개운한, 후련한, 든든한, 흐뭇한, 홀가분한, 편안한, 느긋한, 담담한, 친밀한, 긴장이 풀리는, 차분한, 안심이 되는, 가벼운, 평화로운, 누그러지는, 고요한, 여유로운, 진정되는, 잠잠한, 평온한, 흥미로운, 재미있는, 끌리는, 활기찬, 짜릿한, 신나는, 용기 나는, 기력이 넘치는, 기운이 나는, 당당한, 살아있는, 생기가 도는, 원기가 왕성한, 자신감 있는, 힘이 솟는, 흥분된, 기대에 들뜬, 희망찬.

● 욕구가 충족되지 않았을 때

걱정되는, 까마득한, 암담한, 근심하는, 신경 쓰이는, 뒤숭숭한, 무서운, 섬뜩한, 오싹한, 겁나는, 두려운, 진땀나는, 주눅 든, 막막한, 불안한, 조바심 나는, 긴장한, 떨리는, 조마조마한, 초조한, 불편한, 거북한, 겸연쩍은, 곤혹스러운, 멋쩍은, 쑥스러운, 괴로운, 난처한, 답답한, 갑갑한, 서먹한, 어색한, 찜찜한, 슬픈, 그리운, 목이 매는, 먹먹한, 서글픈, 서러운, 쓰라린, 울적한, 참담한, 비참한, 속상한, 안타까운, 서운한, 김빠진, 애석

한, 낙담한, 섭섭한, 외로운, 고독한, 공허한, 허전한, 허탈한, 쓸쓸한, 허한, 우울한, 무력한, 무기력한, 침울한, 피곤한, 노곤한, 따분한, 맥 빠진, 귀찮은, 지겨운, 불만스러운, 실망스러운, 좌절한, 힘든, 무료한, 지친, 심심한, 질린, 지루한, 멍한, 혼란스러운, 놀란, 민망한, 당혹스러운, 부끄러운, 화나는, 약 오르는, 분한, 억울한, 열 받는, 짜증나는, 울화가 치미는.

2. 감정 뒤에 있는 욕구 목록

- **자율성** | 자신의 꿈, 목표, 가치를 선택할 수 있는 자유. 자신의 꿈, 목표, 가치를 이루기 위한 방법을 선택할 수 있는 자유.
- **신체적/생존** | 공기, 음식, 물, 주거, 휴식, 수면, 안전, 신체적 접촉, 성적 표현, 따뜻함, 부드러움, 편안함, 돌봄을 받음, 보호받음, 애착 형성, 자유로운 움직임, 운동.
- **사회적/정서적/상호의존** | 주는 것, 봉사, 친밀한 관계, 유대, 소통, 연결, 배려, 존중, 상호성, 공감, 이해, 수용, 지지, 협력, 도움, 감사, 인정, 승인, 사랑, 애정, 관심, 호감, 우정, 가까움, 나눔, 소속감, 공동체, 안도, 위안, 신뢰, 확신, 예측가능성, 정서적 안전, 자기 보호, 일관성, 안정성.
- **삶의 의미** | 기여, 능력, 도전, 명료함, 발견, 보람, 의미, 인생 예찬(축하, 애도), 기념하기, 깨달음, 자극, 주관을 가짐(자신만의 견해나 사상), 중요하게 여겨짐, 참여, 회복, 효능감, 희망, 열정.
- **진실성** | 정직, 진실, 성실성, 존재감, 일치, 개성, 자기 존중, 비전, 꿈.
- **놀이/재미** | 즐거움, 재미, 유머, 흥.

● **아름다움/평화** | 아름다움, 평탄함, 홀가분함, 여유, 평등, 조화, 질서, 평화, 영적 교감, 영성.

● **자기구현** | 성취, 배움, 생산, 성장, 창조성, 치유, 숙달, 전문성, 목표, 가르침, 자각, 자기표현, 자신감, 자기 신뢰.

(출처: Nonviolent Communication)

✱ 지금 어떤 감정이 느껴지나요? (감정 목록 중 선택해서 적어봅니다.)

✱ 무엇이 필요하기 때문에 (또는 채워졌기 때문에) 이런 감정을 느꼈을까요? (욕구 목록 중 선택해서 적어봅니다.)

2장

감정은
습관이다

뇌는
익숙한 감정을 좋아한다

1978년, 심리학자 필립 브릭먼은 행복에 대한 흥미로운 연구를 했습니다. 서로 다른 두 집단의 행복도와 변화에 관한 연구였습니다. 한 집단은 얼마 전에 복권에 당첨되어 갑자기 큰 부자가 된 사람들이었고, 다른 집단은 교통사고를 당해 몸이 마비된 사람들이었습니다. 예상할 수 있듯이 복권에 당첨된 사람들의 행복도는 당첨되기 전보다 증가했고, 교통사고를 당한 집단은 사고 전에 비해 행복도가 크게 감소했습니다. 하지만 시간이 흐르자 예상 밖의 결과가 나왔습니다. 복권에 당첨된 사람들의 행복도는 평균 두 달이 지나자 복권에 당첨되기 이전 수준으로 낮아졌고, 교통사고를 당한 사람들의 행복도는 몇 달 후 사고가 나기 전과 같은 수준으로 회복되었습니다. 이 연구 결과는 아무리 좋은 일이 있거나 나쁜 일이 있어도 일정 시간이 지나면 자신이 지니고 있던 감정 상태로 돌아온다는 사실을 우리에게 알려줍니다.

뇌는 항상 내 편일까요? 내 편이 아닐까요? 신체의 일부이자 생각과 감정의 중추인 뇌에 대해 많은 사람들이 오해하고 있는 부분이 있습니다. 바로 '뇌는 내 몸의 일부이기 때문에 항상 내 편이다'라고 생각하는데, 안타깝지만 그렇지 않습니다. 새해가 되면 새로운 결심과 실행을 하지만 잘해야 작심삼일, 우리는 다시 익숙한 과거의 패턴으로 돌아갑니다. 사소한 습관 하나 바꾸고 만드는 것이 왜 그리 어려울까요? 결국 의지가 약한 자신을 책망하고 탓하며 자포자기하는 경우가 많습니다.

뇌의 특징을 알아야 그릇된 자아비판과 자기 비난에서 벗어날 수 있습니다. 뇌는 효율을 무척 중요하게 여기는 기관입니다. 뇌의 무게는 체중의 2퍼센트 정도를 차지하지만, 에너지 소모는 엄청나서 총 에너지 소모량의 20퍼센트에 달하는 에너지를 소비합니다. 전체 에너지 중 소화를 위해 소모되는 에너지가 8~15퍼센트인데, 뇌가 소비하는 에너지가 20퍼센트라니 실로 어마어마한 수치입니다.

아침에 일어나서 세수하고 양치하고 옷 입고 머리 빗는 일상적인 행동에 우리가 엄청난 에너지를 사용했다고 느끼지 않는 것처럼, 익숙한 패턴으로 행동하면 필요 이상의 에너지를 소모하지 않습니다. 하지만 익숙함을 거스르는 변화에는 신체적, 정신적 에너지가 필요 이상으로 사용됩니다. 과도한 에너지를 지속적으로 사용하면 뇌는 생존에 위협이 된다고 판단합니다. 때문에 많은 에너지 소모를 필요로 하는 변화는 우리의 의도와 의지, 유익함과 상관없이 뇌에게는 달갑지 않고 오히려 최대한 저항해야 하는 부분입니다.

'익숙한 게 좋은 거야. 굳이 새로운 시도나 변화를 줄 필요가 없어. 지금으로 충분해. 남들도 다 그렇게 살아.'

나는 그렇지 않지만, 뇌는 익숙함을 사랑합니다. 한 번도 먹어보지 않은 음식과 그동안 먹어 온 음식 중 뇌는 어떤 것을 선호할까요? 가공식품이나 인스턴트 식품일지라도 그동안 먹어서 최소한의 안전함이 입증된 음식을 선호합니다. 적어도 생명에 지장을 주지 않는다는 사실이 분명하기 때문입니다.

이처럼 뇌는 철저히 생존전략에 따라 움직입니다. 이러한 생존전략은 필립 브릭먼의 연구 결과에서 알 수 있듯이 행동뿐만 아니라 감정에도 적용됩니다. 평소에 우울을 주로 느낀 사람은 즐겁고 기쁜 일이 있어도 익숙한 감정인 우울로 돌아오고, 밝고 명랑하게 지낸 사람은 슬프고 힘든 일을 겪어도 시간이 지나면 본래의 밝은 감정으로 되돌아옵니다. 유익함보다 안전한 익숙함을 최고의 생존전략으로 여기는 뇌의 특성은 감정에도 동일하게 작용합니다.

생존을 최우선으로 삼는 뇌의 특성을 이해할 때 비로소 굳게 자리 잡은 감정 습관을 이해할 수 있습니다. 그동안 경험한 불안과 우울로 생존이 보장되었다면, 굳이 새로운 감정인 행복, 만족, 기쁨을 뇌는 선택하지 않습니다. 새로움은 뇌의 입장에서는 위험을 담보로 하기 때문입니다.

평소에 주로 어떤 기분에 익숙하신가요? 항상 즐거울 수도, 항상 불안하고 우울할 수도 없지만 곰곰이 생각해 보세요. 주로 어떤 감정을 느끼시나요? 긍정적인 감정, 부정적인 감정을 떠나서 어떤 감정에 익숙한지 살펴보세요. 현대 사회에 흔한 우울증과 불안 장애, 불면증 같은 증상이 쉽게 발생하는 사람은 긍정적인 감정보다 부정적인 감정을 익숙하게 여기는 경우가 많습니다. 일종의 '감정 습관'이라고 할 수 있습니다. 불안하거나 우울하고 싶지 않고, 신나고 즐거운 일이 생겼음에도 번번이 불안과 우울 모드로 돌아간다면 나도 모르게 이러한 감정이 습관화되었다는 의미입니다.

아침 기상과 운동 습관 같은 일상적인 행동 습관 하나 고치기도 힘든데, 감정 습관을 어떻게 변화시켜야 할지 막막할 수 있습니다. 나쁜 습관에서 벗어나는 방법은 매우 간단합니다. 좋은 습관을 만들어 기존에 갖고 있던 나쁜 습관을 대체하면 됩니다. 그럼 굳이 기존 습관을 끊고 거기서 벗어나기 위해 에너지를 소모할 필요가 없습니다.

유익하면서 에너지 소모가 크지 않은 좋은 습관에는 무엇이 있을까요? 저는 시간을 정해서 '거울 보고 미소 짓기, 나 자신에게 격려와 응원의 말하기'부터 시작했습니다. 당신도 지금 바로 시작해 보세요.

감정은
왜 존재할까?

"저는 아무 감정도 느끼고 싶지 않아요. 뇌에서 감정을 느끼는 부분을 제거하는 수술을 받거나 감정을 완전히 차단해서 평생 느끼지 못하게 하는 약이 있으면 좋겠어요."

어린 시절 권위적이고 정서 교감이 전혀 없는 부모에게서 상처받고 힘들어 하던 남진 씨에게 밝고 상냥한 여자친구는 마치 천사와 같았습니다. 천사가 실제로 존재한다면 자신의 여자 친구일 거라 믿은 남진 씨는 그녀와의 행복한 미래를 꿈꾸며 결혼했습니다. 그러나 행복도 잠시, 결혼한 지 1년 후 아내는 전 재산을 모두 갖고 야반도주한 것도 모자라 얼마 뒤 이혼하자는 연락을 했습니다.

대체 왜 자신에게 이런 일이 생겼는지 남진 씨는 딱히 이해할 수 없었습니다. 넉넉하지는 않았지만 성실하게 살면서 아내와 함께 아이를 낳아 키우는 소박한 행복을 꿈꾼 남진 씨였습니다. 세상 누구보다 자신을 이해하고 사랑한다고 믿은 아내에게 배신을 당하다니, 남진 씨는 하늘이 무너진다는 말이 무엇인지 절감했습니다. 그리고 그날 이후 하루도 잠을 잘 수 없었고, 술을 마시고 나서야 간신히 잠을 청할 수 있었습니다.

"차마 죽을 용기는 없어서 꾸역꾸역 숨 쉬고 살고 있는데, 감정이라는 게 아예 없어지면 좋겠어요."

우리는 감정 때문에 울고 웃습니다. 감정으로 인해 죽고 싶고, 살고 싶기도 합니다. 태어나서 죽는 순간까지 감정과 함께 합니다. 살아있기에 감정을 느끼고 표현하며, 감정이 있기에 삶의 희로애락을 느끼며 인간답게 삽니다. 감정이 있어서 행복하고 즐겁지만, 실수하고 낙담하고 절망에 빠지는 순간도 비일비재합니다. 충동구매, 스트레스성 폭식과 음주, 홧김에 내뱉은 말로 일어난 갈등과 다툼, 순간을 이기지 못한 화 때문에 시작된 악연은 모두 감정으로 벌어진 실수와 사건입니다.

사회생활을 하면서 바늘로 찔러도 피 한 방울 나오지 않고 오직 이성만 존재하는 것 같은 사람이 높은 성취와 성과를 이루는 것을 보면 때로는 감정이 필요 없는 것처럼 느껴지기도 합니다. 남진 씨와 같은 상처가 아니어도 누구나 마음 깊이 자리한 상처로 힘든 경험이 있습니다. 경험과 사건의 경중보다는 그로 인한 감정의 소용돌이에서 벗어나지 못하기 때문입니다. 나날이 증가하는 우울증, 불면증, 공황장애 모두 감정을 기반으로 합니다.

그렇다면 별로 필요해 보이지도 않는 감정은 대체 왜 존재할까요? 바로 나 자신을 위해서 존재합니다. 감정은 나를 나답고 자유롭게 하면서, 건강한 관계와 소통 속에 성장하고 발전하여 진정으로 독립된 존재로 서게 하기 위해 존재합니다. 나에게 주어진 축복을 온전히 누리며 그 축복을 전하기 위해 존재하는 것이 감정입니다. 하지만 우리는 '나를 위해 존재하는 감정'이라는 사실을 망각한 채, '감정을 위해 존재하는 나'가 되어 끌려다니고 있습니다. 안타깝지만 대다수는 감정의 노예로 살고 있습니다.

이런 날 있으시지요? 상사에게 면박을 받고 친구와 한잔하며 마음을 달래고 싶은 날, 야근해야 해서 만날 수 없다는 친구의 말에 더더욱 무거운 발걸음으로 집에 들어갑니다. 이따위 회사 당장 때려치우고 농사라도 짓는 게 나을 것 같습니다. 이런 면박과 구박을 받으려고 그토록 열심히 공부해서 입사한 건지 허무하고 허탈합니다. 서러움과 슬픔이 몰려옵니다. 한없이 우울하고 무기력해집니다.

이럴 때 느끼는 허무함, 허탈함, 서러움과 슬픔, 우울함과 무기력 같은 감정은 가급적 느끼고 싶지 않고 최대한 피하고 싶은 감정입니다. 이런 부정적 감정들이 나를 위해 존재한다니 믿어지지 않습니다. 나를 위해 존재한다면 차라리 느껴지지 않으면 좋겠다는 생각이 듭니다.

이 상황에서 느낀 허무함, 허탈함, 서러움과 슬픔, 우울함과 무기력은 어떤 욕구가 채워지지 않아서 느낀 감정일까요? 상사의 면박이나 함께 술을 마실 친구가 시간이 없기 때문에 느낀 감정이 아닙니다. 내면의 채워지지 않은 욕구로 인해 느낀 감정입니다. 인정, 존중, 공감, 이해, 수용, 지지, 상호성, 성장, 성취, 보람, 능력, 예측가능성과 같은 욕구가 채워지지 않아서 느낀 감정입니다. 감정은 이처럼 내면의 욕구를 일깨워 주는 신호등입니다.

　감정이 없으면 욕구를 알 수 없습니다. 욕구는 생존부터 자아실현까지 나를 보호하고 성장시킵니다. 감정은 나를 위해 존재한다는 사실을 기억하세요.

나는 감정적일까,
이성적일까?

"감정 일기를 왜 쓰려고 하세요?"

"감정에 끌려다니지 않고 다스리고 싶어서요."

"자신을 감정적인 사람이라고 생각하세요, 이성적인 사람이라고 생각하세요?"

"글쎄요⋯."

감정 일기를 써보고 싶다고 저를 찾아오신 많은 분들이 대부분 이 지점에서 답을 하지 못하고 갸우뚱합니다. 감정 코칭을 하는 클래스에서 질문을 던졌으니 아무래도 '나는 감정적인 사람'이라고 대답하시는 분들이 많기는 합니다. 그러나 의외로 꽤 많은 사람이 '나는 이성적인 사람'이라고 생각합니다. 왜 본인이 이성적이라고 생각하는지 이유를 물어보면 잘 참고 드러내지 않기 때문이라고 합니다. 하지만, 잘 참는 것과 이성적인 것은 전혀 다른 성질의 것입니다.

걸핏하면 지각하는 팀원에게 한마디하고 싶지만 내색하지 않고, 사춘기 자녀의 말도 안 되는 짜증에 화가 머리끝까지 치솟아도 '참을 인' 자를 수없이 새기며 삭이고, 절반 이상 사용한 제품을 들고 와서 막무가내로 환불을 요청하는 진상 고객에게 욕을 한 사발 날리고 싶은 마음을 꾹꾹 누르고 바르르 떨리는 미소를 짓는 모습을 이성적이라고 생각하시나요?

많은 분들이 감정을 참고 억누르며 무시하는 것을 이성적인 태도라고 착각합니다. 저 역시 지난 과거를 돌이켜보면, 지나치게 감정적으로 살았음에도 스스로 이성적인 사람이라고 생각했습니다. 심지어 '다른 사람들이 나처럼 이성적이면 이 세상은 큰 사건 사고 없이 유토피아 같은 세상이 펼쳐질 거야'라며 자만하기도 했습니다. 하지만 한계에 봉착하면 빛보다 빠른 속도로 쌓인 감정을 폭발했던 사람이 바로 저였습니다.

'더 이상은 못 참아! 참을 만큼 참았어! 네가 그런 말과 행동을 반복하니, 나는 더 이상 참을 수 없어. 나니까 그동안 이만큼 참은 거야!'

사화산처럼 보였지만 언제 용암을 분출할지 모르는 휴화산이 바로 저였습니다. 아니, 실상은 휴화산이 아니라 활화산이었습니다. 이런 사람이 저뿐만은 아닙니다. 우리는 과거에도 현재도 활발하게 화산 활동을 하고 있습니다.

세상에 항상 이성적인 사람이 단 한 명이라도 있을까요? 어쩌다 이성적인 사람, 대체적으로 이성적인 사람은 있어도 항상 이성적인 사람은 없습니다. 순간의 감정에 좌지우지되는 것이 사람인데, 이성적/감정적이라는 이분법으로 나누는 것 자체가 모순입니다. 감정과 감정 뒤에 숨겨진 욕구를 인식하고 감정에 책임을 지려는 사람과 그렇지 않은 사람이 있을 뿐입니다.

감정은 이분법으로 나눌 수 없습니다. 조금 더 감정적으로 반응하는 사람과 덜 반응하는 사람으로 나눌 수 있지만, 이 역시 각자의 기준에 따른 판단일 따름입니다.

그렇다면 감정의 주인으로 살면서 이성적인 반응을 많이 보이는 사람은 어떤 특징을 갖고 있을까요? 이들은 감정의 스펙트럼이 넓어서 극에서 극으로 치닫지 않습니다. 소소하고 사소해서 지나칠 수 있는 담담하고 담백한 감정을 소중하게 여깁니다. 감정의 책임을 다른 사람에게 떠넘기지 않습니다. 순간의 감정에 사로잡혀 실수하는 일이 드뭅니다. 비현실적으로 이상적인 행복과 기쁨을 추구하지 않고, 주어진 일상에서 행복과 기쁨, 감사를 찾습니다. 자신의 말과 행동에 책임을 지고 일관성을 지키려고 노력합니다. 말하기 전에 생각합니다. 다양성을 수용합니다. 자신의 경험에만 치우치지 않습니다. 객관적인 사실과 지식에 경험에서 우러나온 지혜를 더합니다.

누구나 감정에 휘둘리지 않고 감정을 다스리는 사람으로 살고 싶어합니다. 삶의 모든 것은 아는 만큼 보입니다. 마찬가지로 내 감정을 알 때, 나를 공감하고 이해할 수 있습니다. 내 감정을 알 때, 감정 뒤에 숨겨진 욕구를 알 수 있습니다. 내 감정을 알 때, 다른 사람의 감정이 보입니다. 내 감정을 알 때, 삶을 어떻게 살아야 하는지 지혜를 얻을 수 있습니다. 내 감정을 알 때, 비로소 나와 우리를 알고 사랑으로 연결할 수 있습니다.

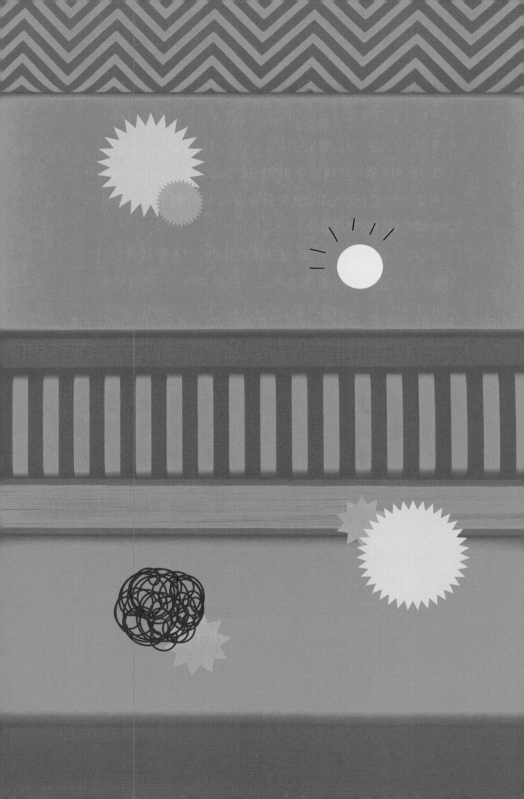

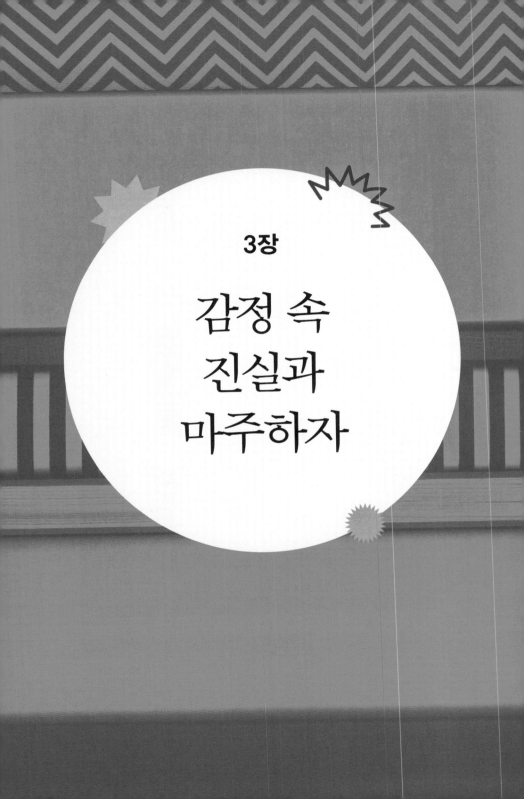

3장

감정 속
진실과
마주하자

올바른 감정 표현의
중요성

평소에 허전하면 허전함을 표현하고, 서운하면 서운함을 말하거나 행동으로 표현하고, 슬프고 우울하면 슬프고 우울하다고 표현하시나요? 그렇다면, 어떤 방법으로 표현하는지 자신의 표현 방법을 정확히 인지하고 있으신가요?

저는 서운함과 속상함을 화로 표현했습니다. 제가 표현한 화는 빠르고 높은 목소리와 함께 올라간 눈꼬리와 눈썹, 경멸의 눈초리를 담아 굳어버린 표정과 동작, 다른 사람의 말과 행동에 대한 무시와 거부로 이어졌습니다. 그렇게 화를 내고 난 뒤에는 자책과 괴로움에 아무것도 할 수 없었습니다.

우리는 원치 않는 감정을 느낄 때 나오는 자신만의 고유한 행동 패턴을 갖고 있습니다. 물론 반대 상황에서도 마찬가지입니다. 모두 자극에 대한 반응입니다. 언제, 어떻게 생겨서 굳어졌는지 면밀히 알 수는 없지만, 각자 자신만의 고유한 패턴이 있습니다.

원치 않는 감정을 느낄 때의 내 모습을 머리끝부터 발끝까지 떠올려 볼까요? 먼저 1장에서 소개한 감정 목록(47쪽 참조) 중에서 원치 않는 감정을 3가지 정도 선택해 보세요. 그 다음, 그 감정들을 느꼈을 때 얼굴 표정, 목소리의 톤과 빠르기, 동작과 숨소리… 그림을 그리듯 하나하나 묘사해 보세요. 원치 않는 3가지 감정을 느꼈을 때의 패턴을 각각 작성해 보세요.

작성한 패턴을 보니 어떤 느낌이 드시나요? 내가 이런 사람이구나 싶어서 자괴감이 드시나요? 그렇다면 이럴 때야말로 관찰자의 시선이 필요한 때입니다. 나만 그렇지 않다는 사실을 기억하세요. 욕구가 충족되지 않아서 느낀 감정을 표현할 때, 우리는 매우 익숙하지만 미숙한 방식을 사용합니다. 미숙한 방식으로 인해 원하는 욕구와 더욱더 멀어지게 되는데도 우리는 표현 방식에 변화를 주어야 한다는 사실을 인식하지 못합니다.

한 70대 할머니가 고질적인 관절염과 허리 디스크로 물리치료를 받기 위해 정형외과에 갔습니다. 정형외과가 있는 건물은 병원이 밀집되어 있는 메디컬 센터로, 같은 층에 있는 치과와 대기실을 함께 사용하고 있었습니다. 할머니가 대기실에서 기다리고 있는데, 아까 들어올 때부터 시끄럽던 치과 데스크에서 점점 더 고성이 오가자 할머니는 짜증이 났습니다. 참다 참다 더 이상 견디지 못하고 할머니는 치과 데스크에서 간호사와 실랑이를 벌이는 젊은 남자에게 대뜸 소리를 질렀습니다.

"이 건물이 당신 거야? 치료받으려고 앉아서 기다리는 환자들 안 보여? 조용히 좀 하자고."

"아니, 어디다 대고 반말이에요? 나는 소리 지르고 싶어서 지르는 줄 알아요?"

"그러니까 조용히 이야기하면 될 거 아니야? 다들 귀머거리인 줄 아나? 혼자 병원 전세 냈어?"

"아니, 보자보자 하니까 이 할머니가!"

자칫하면 큰 다툼으로 벌어질 수 있는 상황에서 치과 담당자가 나와서 할머니에게 죄송하다고 사과했습니다. 그리고 시끄럽게 이야기하는 남자를 상담실로 안내하며 상황은 종결되었습니다.

짜증, 화, 속상함, 불편함과 불쾌함을 느낀 할머니는 그동안 익숙하게 자리잡은 방식으로 감정을 표현했습니다. 이 불쾌한 감정의 원인은 자신에게 있지 않고 젊은 남자에게 있다고 생각했기 때문에 할머니 역시 반말과 고성을 사용하는데 거리낌이 없었습니다.

만약 할머니가 자신의 습관적이고 고유한 반응 패턴을 인식하고, 감정 뒤에 숨겨진 욕구를 인식했다면 어떤 방식으로 감정을 표현했을까요? 할머니의 감정 뒤에 있는 욕구는 편안함, 평안, 안정, 안심, 안전, 자기보호, 질서, 예측가능성, 명료성, 일관성입니다. 할머니는 욕구를 충족하기 위해서 어떤 방법을 사용할 수 있을까요?

할머니가 무심결에 반응한 습관적인 방식은 전혀 도움이 되지 않았습니다. 오히려 할머니의 욕구와 더더욱 멀어지게 되었고, 심지어 아무도 원하지 않은 갈등과 다툼으로 확산될 수 있었습니다. 반말과 고성으로 본질은 온데간데없이 사라지고 비非본질만 남았습니다. 자신의 욕구를 명확하게 인식하지 못하면 그릇된 방법을 넘어서 자신에게 해가 되는 방식으로 표현하고도 상대를 탓하기 마련입니다. 비본질을 걷어내고 본질인 욕구에 집중할 때 서로가 원하는 것을 얻을 수 있습니다.

당신은 감정 뒤에 숨겨진 욕구를 명확히 인식하고, 올바른 방법으로 표현하고 있을까요?

감정 속에 담긴
진실

외동딸을 키우는 30대 민철 씨는 동료들과 달리 퇴근길이 즐겁지 않습니다. 퇴근 때마다 압박과 무게감에 다시 회사로 돌아가고 싶습니다. 사랑하는 아내와 토끼 같은 딸을 위해 누구보다 열심히 일하기로 소문이 자자한 민철 씨인데 대체 무슨 일일까요?

민철 씨의 아내는 민철 씨보다 퇴근이 한 시간 정도 늦은 편입니다. 딸이 어릴 때는 민철 씨가 최대한 일찍 퇴근해 아이를 유치원에서 데리고 와서 저녁을 준비하고 있으면 아내가 들어왔습니다. 식사를 마치면 아내가 아이를 재우고 나머지 집안일을 했습니다. 딸이 크면서 예전 같은 손길은 필요하지 않았지만, 회사에서 민철 씨의 업무량은 직급만큼 늘어났습니다. 칼퇴근이 가능한 환경이지만 퇴근 시간에 맞춰서 일이 끝나지는 않았기 때문에 집에 와서도 일을 해야 하는 경우가 꽤 있었습니다. 더불어 아이의 성장과 노후 준비가 현실로 와닿으면서 틈날 때마다 재테크 공부도 해야 했습니다.

민철 씨는 퇴근 후 집에 돌아오면 아무에게도 방해받지 않고 혼자만의 여유를 누리다 편안한 마음으로 저녁식사를 하고 나머지 할 일과 공부를 하고 싶었습니다. 그래서 아내가 올 때까지 아무것도 하지 않고, 음악을 듣거나 잠시 눈을 붙였습니다. 하지만 시간이 지날수록 아내의 잔소리는 늘었고 목소리는 높아졌습니다.

"집에 먼저 오면 아침에 남은 설거지하고, 애 숙제 좀 챙기고 있으면 안 돼? 당신 혼자만 일하는 것도 아니고 애는 나 혼자 키워? 빨래도 개야 하는데…. 피곤해 죽겠는데 저녁은 또 뭐 먹지?"

잔소리를 해도 민철 씨가 달라지지 않자, 아내도 동일한 레퍼토리를 일장 읊고 나면 더 이상 말하지 않았습니다. 공간의 정적을 깨뜨리는 것은 다름아닌 설거지 소리였습니다. 차라리 그릇을 집어 던지거나 깨부수는 것이 낫지 않을까 싶을 정도로 적막 가운데 와장창 부딪히는 설거지 소리는 민철 씨의 심장을 파고들었습니다. 그래서 민철 씨는 더더욱 퇴근하면 바로 방으로 들어가서 저녁 식사 때까지 나오지 않았습니다. 문틈 사이로 아내와 인사한 후 이어폰을 끼고 있다 나오는 방법이 민철 씨에게는 최선이었습니다. 당장이라도 깨질 것 같은 설거지 소리에 답답함과 속상함, 짜증과 분노를 느끼며 숨까지 막혔지만 온전히 자신의 공간에서 혼자만의 여유를 누리는 시간은 민철 씨에게 그토록 소중했습니다.

"아내의 잔소리와 높아지는 언성, 심장이 답답해지는 설거지 소리에도 불구하고 혼자만의 공간과 시간을 고수하신 이유는 뭘 까요?"

"제가 이기적인 것 같다는 생각은 그동안 종종 했어요. 그러면서도 쉬는 건 잠깐이고 저녁 식사 후에 공부와 일을 하는 건 저 혼자 좋자고 하는 게 아니라 일종의 가족을 위한 희생인데, 고작 한 시간도 배려하지 못하나 싶어서 억울하고 속상했어요. 식사를 마치면 제가 쓰레기 분리수거를 하거든요. 물론 객관적으로 아내가 더 많은 집안일을 하고 있죠. 그런데 퇴근하고 오면 그때만큼은 아무것도 하고 싶지 않아요. 처음에는 피곤하고 지쳐서 그렇다고 생각했어요. 아내도 '나도 피곤하다. 당신만 그러는 줄 아냐'며 저보고 이기적이라고 했으니까요. 그러다 감정 일기를 작성하면서 욕구를 찾아봤어요."

"어떤 욕구를 찾으셨나요?"

"자유, 홀가분함, 휴식, 편안함, 예측가능성, 안정, 평화, 성취, 성장, 보람, 공감, 배려, 존중, 중요하게 여겨짐, 존재감, 자기 보호를 찾았어요. 찾기 전에는 막연히 피곤하고 힘들어서 그렇다고 여겼는데 답답함, 속상함, 억울함, 짜증과 분노 뒤에 이렇게 많은 욕구가 있는지 전혀 몰랐어요. 저는 아내와 딸을 진심으로 사랑하는데 집에 들어오면 답답하고 숨이 막혔어요. 이게 사랑이 맞나 싶고 예민하고 까칠한 아내 때문이라고 생각했어요. 아내는 아내대로 저한테 불만이 많아서 요즘에는 서로 반드시 해야 하는 이야기 말고는 하지 않아요. 집안 공기가 냉랭하다 보니 딸아이도 방에 들어가면 나오지 않아요. 대체 이런 가족을 위해 이렇게 열심히 일하는 게 맞나 싶은 회의도 들었어요."

"이 부분에 대해 아내와 진지하게 이야기해 본 적이 있으신가요?"

"몇 번 이야기했는데 아내는 제 탓, 저는 아내 탓하다 번번이 싸움이 커져서 하지 않아요. 아내의 설거지 소리만 더 커졌죠."

"아내의 짜증, 화, 서운함 뒤에는 민철 씨처럼 숨은 욕구가 있을 텐데요. 아내 마음을 한번 추측해 보면 어떨까요?"

"아마 휴식, 홀가분함, 자유, 안정, 안심, 자기보호, 편안함, 예측 가능성, 공감, 배려, 존중, 사랑, 협력, 상호성 아닐까요? 제 욕구와 거의 비슷하네요. 그런데 왜…."

민철 씨가 찾은 아내의 욕구는 민철 씨의 욕구와 거의 비슷했습니다. 부부는 동일한 욕구를 지녔지만 표현하는 방법에 문제가 있었기 때문에 갈등의 골이 깊어져 있었습니다. 감정은 자신의 욕구에서 비롯된 것이라는 인식이 없었기 때문에 일차적으로 상대방을 탓했고, 이차적으로는 자신에게 익숙한 방식인 잔소리와 침묵, 회피가 빚은 결과였습니다.

아내의 욕구가 자신의 욕구와 똑같다는 사실을 깨닫자 민철 씨는 놀라움 이상의 충격을 받았습니다. 서로의 '다름'으로 갈등의 골이 깊어졌다고 생각했는데, 실상은 그렇지 않았습니다. 이후 만난 아내의 욕구는 놀라울 정도로 민철 씨와 동일했습니다. 감정과 욕구의 문제가 아닌 표현 방법에 문제가 있다는 사실을 부부는 함께 인식했습니다. 이후 민철 씨와 아내는 주중에는 퇴근 후 남편의 시간을 배려하고, 주말에는 아내의 시간을 배려하기로 했습니다. 당장이라도 깨질듯한 위협적인 설거지 소리는 민철 씨 집에서 점차 사라졌습니다.

변화시켜야 하는 것은 욕구와 감정 자체가 아닌 '욕구를 충족하기 위한 방법'입니다.

나와 감정 사이에 필요한
적정한 거리

외모가 아닌 성격, 성향, 행동을 토대로 나를 표현한다면 어떤 동물로 표현할 수 있을까요? 몇 년 전 방문한 동물원에서 거북이를 보자 새삼스럽게 제 모습을 투영할 수 있었습니다. 거북이는 원치 않는 자극을 느끼면 딱딱한 등딱지 안으로 바로 숨어버립니다. 그리고 안전을 확신할 때까지 나오지 않습니다. 가장 안심할 수 있고 안전을 확실히 보장받을 수 있는 자신만의 공간을 항상 이고 지고 다니는 거북이는 바로 제 모습이었습니다.

저는 작은 자극에도 움찔해서 숨기 바쁜 사람이었습니다. 안전에 안전을 확신할 때까지 결코 움직이지 않았습니다. 삶에 대한 두려움과 불안으로 무겁고 딱딱한 갑옷 같은 등딱지를 지고 다녀야만 안심할 수 있었습니다. 불확실한 도전보다 매일 주어진 삶의 무게를 간신히 지탱하고 버티는 것이 나았습니다. 딱딱하고 무거운 등딱지를 지고 느릿느릿 무거운 발걸음으로 움직이는 거북이를 보면서 저는 과거의 제가 떠올랐습니다. 하지만 이내 거북이에게서 과거뿐만 아니라 저의 현재와 미래를 볼 수 있었습니다. 거북이는 육지와 바다를 넘나드는 자유를 갖고 있습니다. 땅에서는 걸어 다닐 수 있고 바다에서는 헤엄칠 수 있습니다. 땅과 바다, 등딱지 안과 밖의 모든 활동을 스스로 선택하고 책임집니다. 저 역시 더 이상 숨기 위한 용도로 등딱지를 지고 다니지 않습니다. 등딱지의 유무와 관계없이 제 삶을 스스로 선택하고 책임질 수 있음을 깨닫고, 깨달은대로 사는 거북이 같은 제가 자랑스럽고 감사합니다.

지금 바로 생각해 보세요. 나는 어떤 동물로 표현할 수 있을까요?

나를 표현할 수 있는 수단은 많으면 많을수록 좋습니다. 동물로 나타낸 후에는 식물, 음식, 계절, 색상, 가구와 필기구 같은 것으로도 표현해 보세요. 미처 생각하지 못한 나 자신을 알 수 있고, 나에 대한 다른 사람들의 공감과 이해를 돕는 유용한 방법이자 연결 고리가 될 수 있습니다.

인간다운 인간으로 살기 위해 반드시 필요한 것에는 무엇이 있을까요? 물, 공기, 음식 같은 생존이 아닌 '인간다움'에 초점을 맞추어 보세요. 인간다운 인간을 이해하기 위해서는 인간人間의 한자를 살펴볼 필요가 있습니다. 인간이라는 단어는 사람 인人자에 사이 간間으로 이루어져 있습니다. 각각의 한자의 뜻을 살펴보면서 나름대로의 의미를 깨달을 수 있었습니다.

인간이 인간답게 살기 위해서 필요한 것은 바로 사이, 즉 거리입니다. 적정한 거리가 지켜지지 않으면 인간답게 살 수 없습니다. 나와 다른 사람과의 거리는 물론 나와 나 사이의 거리가 적정하게 유지될 때 우리는 인간답게 살 수 있습니다. 그렇다면 인간다운 거리를 지키기 위해서는 어떻게 해야 할까요? 바로 '나와 감정 사이의 거리를 지키는 것'이 인간人間다운 삶, 인간人間 본연의 모습을 구현한 삶이라고 할 수 있습니다.

닮고 싶은 사람, 멋있는 사람, 존경하는 사람을 떠올려 보세요. 타인의 존경을 받는 분들이 공통적으로 갖고 있는 한 가지 특징이 있습니다. 바로 순간에 휘둘려 자신을 내어주지 않았다는 사실입니다. 순간에 휘둘리지 않았다는 것은 순간의 감정에 치우치지 않았다는 뜻으로, 더 나아가서 감정의 우위에서 감정을 다스렸다는 의미입니다. 그들은 자신의 감정을 오롯이 지배하고 다스리며 감정의 주인으로 살았습니다. 그래서 많은 사람들의 인정과 존경, 사랑을 받을 수 있었습니다.

인간으로 태어나 인간다운 삶을 사는 것은 어떻게 보면 매우 자연스럽고 당연한 일입니다. 하지만 지극한 자연스러움과 당연함으로 인해 오히려 간과하며 소홀히 여겨지기도 합니다. 인간답게, 나답게 살기 위해 크고 원대한 포부와 결심은 필요하지 않습니다. 매일 주어진 하루에서 느끼는 소소한 감정과 욕구를 알 때 인간다운 삶을 살 수 있습니다.

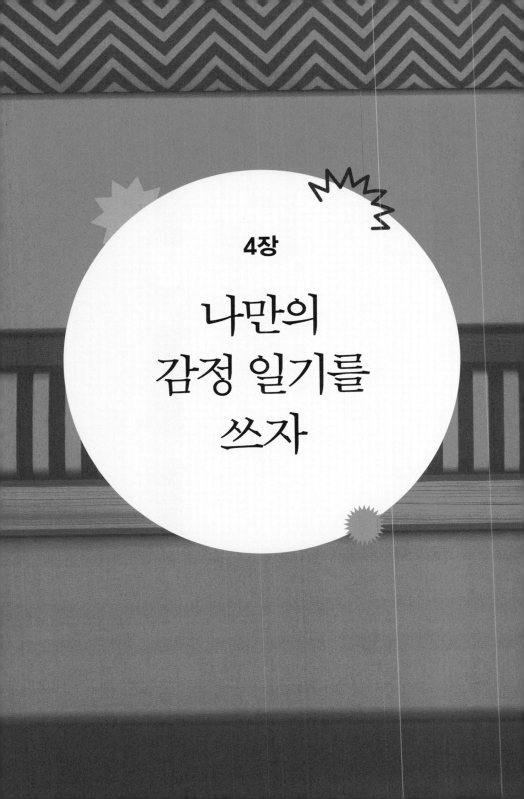

4장

나만의
감정 일기를
쓰자

●○○○
○○○
○○

쓰기의
힘

거리 두기는 객관성이라는 선물을 가져다줍니다. 원치 않는 사건과 사고, 상처를 겪으며 우리는 자신과 감정을 분리하지 못합니다. 감정과 나 자신을 동일시하다 내 말과 행동에 대한 상대방의 거절을 내 존재에 대한 거절이라고 여기며 마음 아파하기도 합니다.

한 번은 점심시간에 급식 당번을 했던 큰아이가 시무룩해서 집에 온 적이 있었습니다. 아이가 담당한 음식은 숙주나물이었습니다. 큰아이는 나물을 싫어했는데, 숙주나물은 나물 반찬 중 좋아하는 몇 안 되는 반찬이었습니다. 그래서 아이는 친구들에게 자신이 좋아하는 숙주나물을 많이 담아주고 싶은 마음에 미리 집게를 들고 있었습니다. 그런데 식판에 숙주나물을 놓기도 전에 한 친구가 "안돼, 싫어!"라고 큰 소리로 이야기했습니다. 큰아이는 그 소리에 몹시 당황해서 숙주나물을 들고 있던 집게를 떨어트릴뻔 했다고 했습니다. 그 친구는 평소 친한 친구도 아니었지만, 앞으로는 그 친구와 절대 이야기하지 않을 거라는 말도 덧붙였습니다.

"너는 숙주나물을 좋아해서 많이 주고 싶었는데, 친구가 그렇게 이야기해서 놀랐겠구나. 속상하고 서운했겠어. 너처럼 맛있게 먹기를 바랐는데."

"응. 앞으로 개랑 말 안 하려고."

"그런데 그 친구는 네가 싫은 게 아니라, 숙주나물이 싫어서 거절한 것 같아. 내일 학교에 가서 슬쩍 물어보면 어떨까?"

처음에는 별로 내켜 하지 않았지만, 아이는 다음날 친구에게 용기를 내서 물어봤습니다. 그랬더니 친구는 숙주나물을 싫어한다고 했습니다. 나물 중에서 숙주나물을 가장 좋아하는 아이 입장에서는 이해하기 힘들었지만, 자신이 아닌 자신이 주려고 한 숙주나물을 거절했다는 사실을 객관적으로 받아들이고 친구와 좋은 관계를 맺을 수 있게 되었습니다.

숙주나물에 대한 거절을 자신의 존재를 거절했다고 여기며 속상해하고 서운해하는 아이와 같은 모습은 우리 같은 어른들에게도 자주 볼 수 있습니다. 이때 일차적으로 숙주나물에 대한 거절을 자신의 존재에 대한 거절이라고 섣불리 판단하지 않아야 하며, 이차적으로 속상함과 서운함이라는 감정을 자신과 동일시하지 않아야 합니다. 오해와 갈등이 빚어질 수 있는 소소한 순간마다 이렇게 사실에 입각해, 객관적인 관찰자의 시선으로 관찰할 수 있다면 삶이 얼마나 윤택하고 풍요로워질까요? 자신은 물론 상대방 역시 효과적으로 보호할 수 있습니다. 안전함을 느낄 때 진정한 연결 역시 가능합니다. 이렇듯 판단이 아닌 관찰을 위해 필요한 것은 거리 두기입니다. 너무 밀접해도, 너무 멀어도 관찰하기 어려워집니다.

　나와 감정 사이에 적당한 거리가 필요하다고 말씀드렸지요. 많은 사람들이 감정 일기 쓰기를 통해 객관성을 얻었고, 감정과 자신을 분리하게 되었습니다. 또한 머릿속에 있는 생각과 감정을 글로 쓰면 두 가지 놀라운 사실을 깨달을 수 있습니다. 첫 번째는 눈에 보이지 않아서 머릿속에서 허상처럼 여겼던 생각과 감정을 눈에 보이는 현실의 공간으로 이동시켰다는 점입니다. 두 번째는 감정을 이동시킨 것과 동시에 실체화했다는 점입니다.

　감정과 나를 분리하는 방법은 쉽고 간단합니다. 일단 쓰세요. 쓰기를 통해 새로운 객관성을 창조할 수 있습니다. 감정과 분리되지 않은 상태에서는 감정의 노예가 되기 쉽습니다. 감정에 끌려다녔던 제가 저 자신과 아이들을 객관적으로 바라볼 수 있게 된 계기는 바로 '쓰기'였습니다.

감정 일기를 쓰며
얻은 것들

누구나 원하는 감정의 주인으로 사는 삶은 매일 작성하는 감정 일기에 달려있다고 해도 과언이 아닙니다. 저는 감정 일기를 작성하면서 생각보다 많은 변화와 깨달음을 얻을 수 있었습니다. 무엇보다 흰 머리카락이 검은 머리카락보다 더 많은 나이에 이를 때까지 제 감정과 욕구를 제대로 알지 못하고 살아온 저 자신에 대한 깊은 안타까움과 연민을 느꼈습니다. 나날이 감정 일기를 통해 나라는 사람을 알고 이해하며 더 나아가 나 스스로를 사랑할 수 있음에 벅찬 감동을 느꼈습니다. 사하라 사막보다 더 메말랐던 마음에 숨어있는 오아시스도 새롭게 발견할 수 있었습니다.

그래서 정말 단 하루도 빼놓지 않고 열심히 감정 일기를 썼습니다. 어떤 날은 욕을 쓴 적도 있었고, 단 한 줄만 쓴 날도 있었습니다.

하지만 매일 썼습니다. 무조건 매일 쓰는 것에 최선을 기울였습니다. 어떤 날은 일기를 쓰다가 오열을 터뜨리기도 했고, 마음이 너무나 아파서 한참을 멍하니 있다 다시 작성한 날도 있었습니다.

감정 일기는 하루 일과를 정리하는 평범한 일기와는 조금 다릅니다. 먼저 하루의 감정을 중점적으로 살펴보며 가장 속상하고 마음 아프거나 후회되는 일을 적었습니다. 그다음에는 가장 기쁘고 행복한 일을 적고, 마지막은 감사로 마무리했습니다.

감정 일기를 작성하면 어떤 효과가 있을까요? 바로 나와 감정을 동일시하지 않고 객관적으로 바라보는 '관찰자 효과'가 나타납니다. 거리 두기를 통해 감정에 사로잡히지 않고 나라는 사람과 감정을 자연스럽게 분리할 수 있습니다. 그래서 감정 일기가 주는 가장 큰 선물은 우리를 감정의 노예가 아닌, 주인으로 사는 삶으로 안내하는 것입니다.

우리 모두는 감정을 다스리고, 감정에 휘둘리지 않는 감정의 주인으로 살고 싶어합니다. 그동안 감정에 사로잡힌 말과 행동으로 뒤늦게 후회하고 자책하는 일이 얼마나 많았던가요?

감정 일기는 자신이 진정으로 원하는 것이 무엇인지 깨달아 그에 따른 말과 행동을 할 수 있도록 힘과 용기를 북돋아 줍니다. 외부의 도움이 아닌 오직 자신에게 있는 힘으로 말이지요. 그 과정에서 버려야 할 것과 취해야 할 것이 무엇인지 배우고 선택할 수 있습니다. 과정 없이 자신을 알고 이해할 수는 없습니다. 예전과 다른 삶, 진정으로 원하는 삶은 익숙함을 고수한 채 얻을 수 없습니다. 낯선 어색함 가운데 매일 자신을 이해하고 공감하는 과정이 쌓일 때 스스로에 대한 사랑이 싹틉니다.

사랑은 모든 것을 가능하게 합니다. 사랑이 지닌 수많은 능력 중 가장 큰 능력은 무엇일까요? 자신을 진정으로 사랑할 때, 사랑은 그토록 내려놓기 어려운 자존심을 내려놓을 수 있는 용기를 선사합니다.

'이까짓 자존심, 붙든다고 뭐가 나아지겠어?'

자존심을 내려놓을 때 스스로를 존중할 수 있습니다. 또한 자신을 존중할 때 다른 사람 역시 존중하고 수용할 수 있습니다.

감정 일기는 나 한 사람을 위한 지극히 개인적인 기록입니다. 하지만 감정 일기를 통한 연결과 회복은 결코 개인적인 치유에서 그치지 않습니다.

감정 일기 작성법
① 베이직 단계

그럼 감정 일기는 어떻게 쓰면 될까요? 매일 일기를 쓰는 것은 쉬울 것 같지만 쉽지 않습니다. 하루 이틀은 그럭저럭 써도 며칠 지나면 관성에 의해 귀찮아지고 우선순위에서 밀려나기 마련입니다. 권태기가 와서 형식적으로 한두 줄 건성으로 작성할 수도 있습니다.

처음에는 별다른 양식 없이 감정에만 초점을 맞추어 일기를 써보세요. 감정을 적어보는 것만으로도 요동치던 몸과 마음이 안정을 찾는 것을 느낄 수 있습니다. 그런데 쓰다 혹시 이런 생각이 들지 않으셨나요? 매일 비슷한 감정만 쓰고 있다는 사실 말이지요. 보통 감정 일기는 삶이 고단하고 힘들 때 쓰게 됩니다. 기쁘고 무탈할 때 쓰는 경우는 거의 없습니다. 그래서 막연히 그날의 감정에만 초점을 맞추다 보면 매일 비슷한, 우울하고 부정적인 감정을 쓰는 경우가 많습니다.

　매일 쓰는 일기장에 부정적인 감정만 가득하다고 생각해 보세요. 저 역시 막연하게 썼던 초반의 감정 일기를 보면서 부정적인 감정만 느끼는 저 자신에게 환멸을 느끼기도 했습니다. 밝고 긍정적으로 사는 사람들이 부러웠고, 그렇지 못한 당시의 상황과 제 모습에 더 큰 고통과 불안을 느꼈습니다.

　그래서 감정 일기를 쓰는 것 자체도 중요하지만, '어떻게' 써야 하는지가 중요합니다. 감정 일기는 감정을 그저 꺼내놓는 것에서 그치지 않고, 매일 하나의 감정을 읽고 배우며 느낄 때 감정을 작성하는 본질을 깨달을 수 있습니다. 월요일은 행복, 화요일은 사랑, 수요일은 외로움처럼 매일 하나의 감정을 주제로 삼아 감정 일기를 작성할 때 쓰는 행위와 감정에 구속되지 않고, 주인으로 이끌어 갈 수 있습니다. 또한 매일 다른 감정에 대해 생각하면서, 모르고 지나쳤던 다양한 감정들이 내 안에 이렇게나 다양하게 존재한다는 사실을 알 수 있습니다.

　감정에 휘둘리지 않고 진정한 나를 만나는 감정 일기 작성법을 소개합니다. 감정 일기는 총 30일간 30개의 감정을 주제로 하여 작성합니다. 매일 다른 1가지 감정에 대해 일기를 씁니다. 하루 15분이면 충분히 쓸 수 있습니다.

　감정 일기는 월요일부터 금요일까지 주 5회 작성합니다. 토요일 하루는 쉬고, 마지막으로 일요일에 한 주 동안 쓴 일기를 보며 일주일 동안 가장 많이 느낀 감정을 살펴봅니다. 그러면 한 주간 어떤 감정을 많이 느꼈는지, 그리고 앞으로 어떤 감정을 느끼고 어떻게 표현하고 싶은지 알게 되고, 보다 적극적으로 삶에 적용할 수 있습니다.

감정 일기는 베이직Basic 과 어드밴스Advance 단계로 나누어 작성합니다. 첫 2주, 즉 10개의 감정을 돌아보는 첫 10일은 베이직 단계의 감정 일기를 씁니다. 이후 4주간 20개의 감정은 조금 더 심화된 어드밴스 단계의 감정 일기를 씁니다. 단계별로 구분한 이유는 어색함과 부담감을 줄이고, 감정 일기의 효과를 배가시키기 위해서입니다. 베이직 단계가 익숙해진 후 어드밴스 단계를 통해 감정에 대한 반응 양식과 욕구를 알아봅니다. 그리고 욕구를 어떻게 표현하고 싶은지 액션플랜을 작성하면서 삶에 적용시키도록 합니다.

● **감정 일기 베이직 단계**

○월 ○일 ○요일 │ ○○ 감정 일기

1. 나는 주로 언제 이러한 감정을 느끼나요?
2. 나는 오늘 이 감정을 느꼈나요? (느꼈다면 언제, 어떤 상황에서 느꼈나요?)
3. 오늘 하루, 나의 핵심 감정은 무엇인가요?
4. 오늘의 감사

주제 감정에 따라 감정 일기를 작성하지만, 어떤 날은 주제 감정을 느끼지 못한 날도 있습니다. 그럴 땐 감정에 편견과 욕심을 갖지 말고 비워보세요. 긍정적인 감정과 부정적인 감정이라는 이분법적이고 제한된 사고에 갇히지 말고, 다양한 감정의 존재 이유를 떠올리며 적어보면 됩니다.

샘플　후회 감정 일기

3월 18일 목요일 ｜ 후회 감정 일기

1. 나는 주로 언제 이러한 감정을 느끼나요?

　'후회하더라도 일단 한다'를 인생 모토로 삼았다. 그래서 선택에 대한 후회를 그리 하지 않는다고 여겼고, 선택에 책임을 지는 책임감 있는 사람이라 생각했다. 하지만 금단증상을 겪으며 수면제 복용을 뼛속까지 후회했고, 후회는 절망과 자책, 원망으로 이어졌다. 누구를 원망해도 현실은 달라지지 않았다. 인정하거나 받아들이고 싶지 않은 현재의 모습은 내 선택의 결과였다. 내가 책임지고 감당해야 한다는 사실을 받아들일 용기가 없어서 외면하고 원망했을 뿐이었다. 아무리 후회해도 달라지지 않는 과거와 현실을 받아들이고 앞으로 후회하지 않기 위해 지금 이 순간 무엇을 할 것인가에 대한 질문을 던지며 비로소 후회에서 벗어날 수 있었다.

　그동안 후회할 일이 별로 없다고 느낀 것은 완벽주의 성향 때문이었다. 후회를 최소화하고 싶은 마음에 위험부담이 있는 도전 자체를 하지 않았고, 안전한 반경에서만 생각하고 움직였다. '후회하더라도 일단 한다'는 안전 범위 내에서의 모토였을 뿐, 우물 밖으로 나갈 용기가 없는 사람이었다.

요즈음은 스트레스를 먹는 것으로 풀고, 잘 먹지 않으면 힘들어서 일을 못한다는 합리화에 과식하거나 건강에 좋지 않은 음식을 먹고 종종 후회한다. 또한, 몸이 피곤하고 마음에 여유가 없을 때 감정에 사로잡힌 말과 행동으로 후회할 때가 있다.

2. 나는 오늘 이 감정을 느꼈나요?
느꼈다면 언제, 어떤 상황에서 느꼈나요?

보람 교사로 학교 앞에서 교통 지도를 하고 있는데, 학교 정문에 도착한 아이가 미술 준비물을 갖고 오지 않았다며 허겁지겁 집으로 다시 돌아갔다. 그 모습을 보면서 내가 좀 더 챙겨주면 좋았을 걸 하고 후회했다.

3. 오늘 하루, 나의 핵심 감정은 무엇인가요?

후회와 평안함.

감정 일기를 작성할 때마다 매우 동떨어진 것 같은 감정이 비슷한 양과 질로 공존한다는 사실에 새삼 놀란다. 하루 동안 얼마나 다채로운 감정이 펼쳐지고 그 감정을 느끼는지 신기할 따름이다. 아파서 입맛이 없는데도 아프니 잘 먹어야 한다고 계속 챙겨 먹다 과식하고, 아이의 준비물을 좀 더 챙겨주지 못해서 후회하고, 체력부터 챙겨야 하는데 연일 과로하면서 예전보다 걷고 운동하는 시간을 줄이고, 커피를 마시고, 감기가 나으면 또다시 감기에 걸려서 고생하는 일상을 총체적으로 후회했다.

하지만 그 가운데에서도 후회라는 감정에 사로잡히지 않고 스스로 다독이며 안정과 평안을 누렸다. 오후에 주체할 수 없는 컨디션에 장판을 틀고 한 시간 자고 일어났더니 개운하고 가뿐해져

서 오전에 진도가 나가지 않은 일을 생각보다 빨리 마무리하며 안
정과 평안함을 찾았다.

4. 오늘의 감사

불면증에 걸리지 않았다면, 수면제를 복용하고 끊지 않았다면
작가와 코치가 되어 활동할 수 없었을 텐데, 다시는 생각하고 싶지
않은 힘든 시간이 전화위복이 되었다. 새로운 몸과 마음으로 주어
진 하루의 가치와 의미를 깨닫고, 스스로 선택하고 실행하며, 실행
에 책임을 지는 삶의 주인으로 살게 해 주셔서 감사합니다.

감정 일기 작성법
② 어드밴스 단계

2주간 베이직 일기를 작성하며 어색함과 부담감의 강도가 줄어들었으리라고 생각합니다. 3주차부터는 본격적으로 그동안 익숙해져 있는 행동 패턴을 알고, 더 나아가서 감정 뒤의 욕구를 찾고, 욕구를 어떤 방식으로 표현하고 싶은지 생각한 뒤, 그로 인해 실제적인 삶의 변화를 이끄는 어드밴스 과정을 진행합니다. 어드밴스 과정까지 마치면 내 삶의 주인이자 코치는 오직 나 한 사람이라는 사실, 삶의 열쇠는 이미 나에게 주어져 있다는 사실을 배울 수 있습니다.

어드밴스 단계는 '감사 일기' 항목을 심화합니다. 92쪽의 샘플 4번 항목과 98쪽의 샘플 8번 항목을 보며 살짝 특이한 점을 발견하지 않으셨나요? 문장의 마지막을 '감사하다'가 아닌 '감사합니다'라는 존칭으로 쓴 부분입니다. 감사에 대한 자신의 태도를 점검할 수 있기 때문에 굳이 싫더라도 존칭을 추천합니다.

또한 주차 별로 감사, 미안, 용서, 사랑, 축복으로 하나씩 항목을 늘려갑니다. 첫 주는 '감사합니다', 둘째 주는 '감사합니다, 미안합니다'… 이런 식으로 작성합니다. 여기에는 이유가 있습니다. 감사는 미안, 용서, 사랑, 축복은 물론 모든 감정의 뿌리입니다. 뿌리가 튼튼한 나무가 작은 비바람뿐만 아니라 거센 풍파를 의연히 감당하는 것처럼, 감사를 기반으로 해야 다른 감정을 수용하고 돌아볼 수 있습니다. 삶에 자리한 수많은 감정을 아무리 확대하거나 축소해도 모든 것을 포용하게 하는 것이 감사입니다. 감사를 기반으로 할 때 미안함이 자책과 수치심으로 치우치거나, 분노와 원망으로 확장되는 것을 막을 수 있습니다.

• 감정 일기 어드밴스 단계

○월 ○일 ○요일 │ ○○ 감정 일기

1. 나는 주로 언제 이러한 감정을 느끼나요?
2. 나는 오늘 이 감정을 느꼈나요? (느꼈다면 언제, 어떤 상황에서 느꼈나요?)
3. 나는 이 감정을 느낄 때 주로 어떻게 반응하나요?
4. 오늘 혹은 과거에 이 감정을 느꼈을 때 진심으로 하고 싶은 말과 행동은 무엇인가요?
5. 만약 진심으로 하고 싶은 말과 행동을 하지 못했다면 이유는 무엇인가요?
6. 이 감정을 느낄 때 하고 싶은 말과 행동, 그것을 하기 위한 액션플랜 3가지를 작성하세요.

7. 오늘 하루, 나의 핵심 감정은 무엇인가요?

8. 오늘의 감사

샘플 슬픔 감정 일기

4월 3일 수요일 │ 슬픔 감정 일기

1. 나는 주로 언제 이러한 감정을 느끼나요?

　슬픈 영화나 드라마를 볼 때, 수면제를 끊은 이후 남아있는 금단증상과 예민함으로 좋아하는 커피를 마음대로 마시지 못할 때, 위경련으로 아파서 몸과 마음의 평안이 무너질 때, 내가 아프거나 아이들이 아플 때, 사람들 특히 가족이 내 의도를 있는 그대로 받아들이지 못할 때, 내 감정과 욕구를 오롯이 표현하지 않고 억압하거나 회피하는 나 자신을 볼 때, 단지 물리적인 공간이 아닌 혼자라는 존재로서 깊은 외로움을 느낄 때, 행복과 기쁨을 나누고 싶지만 함께 나눌 사람이 없을 때, 믿었던 사람이 배신할 때, 슬퍼하는 사람과 함께 있을 때.

2. 나는 오늘 이 감정을 느꼈나요?

　느꼈다면 언제, 어떤 상황에서 느꼈나요?

　오래전 개봉했지만 보지 못해서 아쉬움이 남았던 영화를 넷플릭스를 통해 볼 수 있었다. 영화를 보며 찬란하고 아름답게 빛나던 젊은 시절, 한편으로는 어리고 미숙해서 안타까움이 많은 그

시절이 생각나서 눈물이 흘렀다. 당시에는 빛나면서도 빛나는지 몰랐고 삶이 무한한 것만 같은 생각에 감정과 상황에 충실했다. 감정에 풍덩 빠질 용기가 있던 시절이 아름다우면서도 또한 결정적인 순간에는 습관적으로 감정을 억누르고 제어하던 내 모습이 마음 아파서 눈물이 주체할 수 없이 흘렀다. 하지만, 돌아가고 싶지 않다. 이만큼 성장한 지금의 내가, 오늘을 살며 이 순간의 행복을 누리는 내가 참 좋고 감사하다.

3. 나는 이 감정을 느낄 때 주로 어떻게 반응하나요?

가만히 침잠해서 아무것도 하지 않거나 슬픔을 억누르기 위해 일거리를 계속 만들어 움직인다. 한참 가만히 있다 움직이고 싶을 때 서서히 움직여도 되고, 움직임과 쉼을 반복해도 되고. 무엇이든 내키는 대로 해도 괜찮은데 극단적인 행동을 취했다. 먹지 않거나 몹시 먹거나, 꼼짝 않고 누워있거나 계속 일을 만들어 아침부터 밤까지 움직이다 할 일이 없으면 싱크대나 서랍이라도 뒤집어 정리했다. 작성하면서 슬픔이라는 감정에 허우적거려 일상의 모든 것을 일시정지 시킨 나를 발견할 수 있었다.

4. 오늘 혹은 과거에 이 감정을 느꼈을 때 진심으로 하고 싶은 말과 행동은 무엇인가요?

'슬프다고 이야기해도 괜찮아. 슬픔을 느끼고 표현하는 것은 잘못되고 나쁜 행동이 아니야. 누구나 슬플 때도 기쁠 때도 있고, 이 감정이 영원한 것 같지만 기쁨이 영원하지 않은 것처럼 슬픔 역시 영원하지 않아. 내 마음이 진심으로 괜찮다고 할 때까지 충분히 슬퍼하고 애도해도 괜찮아.'

슬픔을 털기 위해 뭔가를 하려고 억지로 애쓰지 않고 눕고 싶으면 눕고 먹고 싶으면 먹고 말하고 싶으면 말하고 진짜 움직이고 싶을 때 움직인다. 그리고 슬픔의 스위치를 누른 상대를 원망하지 않고 슬픔 뒤에 있는 내 욕구를 바라보고 공감한다.

**5. 만약 진심으로 하고 싶은 말과 행동을 하지 못했다면
이유는 무엇인가요?**

슬픔에 대한 책임이 나에게 있지 않고 상대방에게 있다고 생각했다. 나는 피해자이고 내가 할 수 있는 것은 아무것도 없다는 피해의식과 무기력에 빠져 있었다. 모든 책임을 상대방에게 전가하니 내 욕구를 알 턱이 없었다. 무엇으로 인해 슬픔을 느꼈는지 본질을 보지 못했기 때문에 왜, 무엇을, 어떻게 해야 하는지 전혀 알지 못했다.

**6. 이 감정을 느낄 때 하고 싶은 말과 행동,
그것을 하기 위한 액션플랜 3가지를 작성하세요.**

'슬픔은 내 욕구에서 비롯된 거야. 저 사람은 내 감정에 책임이 없어. 내 감정의 책임은 온전히 나에게 있어.'

① 크고 깊게 천천히 심호흡을 열 번 한다.

② 내가 현재 느끼는 감정을 모두 다 떠올리고 작성한다. - 슬픔, 분노, 서운함, 속상함, 억울함, 외로움, 공허함.

③ 감정 뒤에 숨겨진 욕구를 3개 이상 찾고 욕구를 충족할 방법을 찾아서 실행한다. - 자기 보호, 소통, 연결, 공감, 이해, 상호성, 협력, 수용, 지지, 예측가능성, 일관성, 명료성, 배려, 존중, 존재감, 중요하게 여겨짐, 사랑, 관심, 인정, 안심, 안

전, 보람, 정직, 진실.-찾은 욕구 중에서 예측가능성, 명료
성, 안심을 핵심 욕구로 찾을 수 있었다. 이 욕구를 충족하기
위해 아이가 실천 가능한 범위를 물어본 뒤 독서 일기를 제
안한다.

7. 오늘 하루, 나의 핵심 감정은 무엇인가요?

당황, 초조함, 불안.

아이의 입시원서 작성에 오류가 있다는 연락을 받고 몹시 당황
했다. 분명히 담임선생님과 함께 학교에서 확인을 한 부분인데 오
류가 있다니 걱정스러웠다. 정정하면 아이의 성적이 불리하게 적
용되기 때문에 걱정되고 불안했다. 오류를 처리할 여유 시간이 충
분치 않고 이에 따른 행정 절차도 은근히 복잡해서, 오후에 있는
코칭 시간이 점점 다가올수록 등에서 식은땀이 났다. 다행히 코칭
전 마무리가 되었다. 이로 인해 나에게 중요한 예측가능성, 안전
과 안심의 욕구를 다시 한번 돌이켜 볼 수 있었다.

8. 오늘의 감사

비록 때로는 어깃장을 부리고 이런저런 핑계를 대지만 아이들
과 함께 책을 읽을 수 있는 공간과 시간이 주어져서 감사합니다.
아이들의 억지에 예전처럼 미숙한 태도로 맞서지 않고 내 욕구와
아이들의 욕구를 모두 존중하는 제안을 할 수 있어서 감사합니
다. 나날이 성장하는 저를 발견하는 기쁨을 누릴 수 있어서 감사
합니다.

감사, 미안, 용서, 사랑,
축복의 의미

편치 않고 부끄러운 감정인 '미안함'을 있는 그대로 인정할 때, 나 자신과 다른 사람에 대한 '용서'가 가능합니다. 감정 코칭을 하며 만난 분들 중 많은 분들이 용서를 작성할 때 힘들어합니다.

"저는 용서할 대상이 없는데요? 일상에서 용서할 일이 그리 있을까요? 그리고 용서하기 싫은데 억지로 용서해요? 용서한다고 상황이 달라지는 것도 아닌데요?"

저도 용서를 작성할 때 몹시 힘들었습니다. '굳이 용서를 왜 해야 하지?'라는 생각이 수없이 맴돌았지만 그럼에도 해야 할 것 같았습니다. 해야 할 것 같다는 막연함은 시간이 지날수록 구체화 되었고, 용서해야 자유로워진다는 명제가 머리가 아닌 가슴에 박혔습니다.

'이토록 아프고 고통스러운데, 내가 하려는 용서는 누구를 위한

용서일까?'

용서를 위한 용서에서 한동안 물러서 있었습니다. 그러나 매일 감정 일기를 작성하며 제 감정과 욕구를 선명하게 공감하고 이해하자 '해야만 하는 용서'에서 '하고 싶은 용서'로 바뀌었습니다.

높은 곳에서 낮은 곳으로 물이 흐르는 것처럼, 겨울이 지나고 봄이 오듯이, 껍질이 깨져야 새끼가 나오는 것처럼 시간은 자연스럽고 아름다운 변화를 만들었습니다. 감정 일기는 보고 싶지 않았지만 반드시 마주해야 하는 내면의 깊은 상처를 마주할 용기를 주었고, 감사, 미안을 지나서 용서까지 가능하게 해주었습니다.

그때까지 저는 화와 분노, 복수심을 정당하다고 여겼고, 저를 이렇게 만든 사람들에 대한 분노는 지극히 합당하다고 생각했습니다. 영화와 드라마 같은 드라마틱한 복수는 아니어도 성공한 제 모습으로 반드시 복수하겠다고 결심했습니다.

분노의 과녁은 외부에 있다고 철석같이 믿었지만, 분노의 게이지가 상승할 때마다 분노는 저를 집어삼켰습니다. 분노할수록 잠을 잘 수 없었고, 몸은 쇠약해졌고, 아이들과의 관계는 악화되었습니다. 나날이 좋아지기를 기대했고 좋아지는 것처럼 보였지만 실상은 매일 수렁으로 빠져드는 삶이었습니다. 그래서 더더욱 팽팽하게 분노의 활시위를 당겼지만, 이상하게도 활시위는 저를 이렇게 만든 사람들이 아닌 저 자신을 향해 있었습니다.

더 이상 화살받이가 되고 싶지 않았습니다. 받아들이고 싶지 않은 제 모습을 받아들일 때 비로소 화살받이에서 벗어날 수 있다는 사실을 깨달았습니다. 인정하고 싶지 않지만 어떠한 평가 없이 있는 그대로의 모습, 현재의 모습을 온전히 수용하기로 했습니다. 그동안 평가에 익숙한 삶을 살았기 때문에 세상의 기준에 부족하고 모자라 보이는 저 자신을 있는 그대로 수용하는 것은 쉽지 않았지만, 용기를 냈습니다. 스스로를 사랑하기로 선택하고 선택에 따른 행동을 하나둘 실행하자 저도 모르는 사이에 복수심과 분노, 원망 대신 용서가 싹트기 시작했습니다.

'용서'라는 단어는 저의 남은 생에 결코 존재하지 않으리라 여긴 단어였습니다. 그런 제가 절대 용서할 수 없을 것 같은 사람과 상황을 이해하고 용서할 수 있게 되었습니다. 용서하지 않아서 괴로웠던 것은 상대방이 아닌 저 자신이었습니다. 드디어 감정의 압박과 억압에서 풀려나 자유를 누리게 되었습니다. 용서는 상대방이 아닌 저를 위한 것이었습니다.

'용서는 나를 위한 것이구나. 나를 용서하면 세상을 용서할 수 있구나.'

용서를 통해 저 자신과 화해했고 세상과 화해할 수 있었습니다. 멀고 먼 세상, 가까워질 수 없을 것 같은 세상을 가까이할 수 있게 되었습니다. 물론 용서와 화해는 다릅니다. 마음의 용서를 현실의 화해로 옮기거나 구현할 필요는 없습니다. 용서의 마음 자체로 충분합니다. 용서는 오직 나 자신을 위한 것입니다.

용서하면 어떤 마음이 들까요?

자신에 대한 사랑, 그리고 다른 사람에 대한 사랑이 샘솟기 시작합니다. 나 한 사람이 아닌 '우리'의 세계관으로 시야가 확장됩니다.

누가 시키지 않아도 혼자만의 삶이 아닌 '우리가 사는 세상'을 품게 됩니다. 그렇기에 더욱 중요한 나 한 사람의 생각과 감정, 행동의 중요성을 인식하고 실천하기 위해 노력합니다.

감사가 있어야 미안함을 느낄 수 있고, 미안한 마음 가운데 용서할 마음이 생깁니다. 감사, 미안, 용서는 사랑을 가능하게 하고 사랑은 축복으로 구체화할 수 있습니다. 축복은 나 자신과 다른 사람에 대한 진정한 소망과 기대, 기도와 응원이라고 할 수 있습니다. 현재 존재하는 이 순간은 물론 앞날에 대한 진정한 믿음과 사랑이 축복입니다.

감사, 미안, 용서, 사랑, 축복에 담긴 의미를 깊이 생각하고 감정 일기와 감사 일기를 작성하면 좋겠습니다. 일반적으로 감사 일기를 작성한 후 일주일의 간격을 두고 하나씩 추가해서 작성하는 방법을 추천합니다. 첫 주 감사, 둘째 주 감사 – 미안, 셋째 주 감사 – 미안 – 용서, 넷째 주 감사 – 미안 – 용서 – 사랑, 다섯째 주 감사 – 미안 – 용서 – 사랑 – 축복으로 말이지요.

그 후에도 지속적으로 작성하는 경우 5가지 항목을 모두 작성하거나, 경우에 따라 감사의 항목을 나에 대한 감사와 타인에 대한 감사로 나누어서 작성할 수 있습니다.

행동 변화를 일으키는
액션플랜

감정 일기는 감정에 휘둘리지 않고 온전히 내 삶의 주인으로 감정을 다스리기 위해 작성합니다. 감정을 다스리고 지배하기 위해서 필요한 것은 객관성, 곧 감정과의 거리 두기라는 점은 충분히 인식하셨으리라 생각합니다. 그런데 감정 일기만으로 실질적인 변화가 일어날 수 있을까요? 안타깝지만 감정 일기 자체에는 변화를 일으킬 힘이 없습니다.

감정을 익히고 배우는 궁극적인 목적은 머릿속의 지식을 쌓기 위함이 아닙니다. 일기를 작성했다는 자기 위안과 만족은 더더욱 아닙니다. 감정 – 생각으로 연결되는 고리에 변화의 씨앗을 심어 실질적인 행동의 변화라는 열매를 맺기 위함입니다. 무의식에 길들여져 있는 뇌, 익숙한 습관이라는 함정에 빠져있는 뇌는 기존 방식대로 말하고 행동하기 위해 끊임없이 유혹합니다.

'그동안의 패턴과 앞으로 어떻게 하면 좋은지 알았으니 이걸로 충분해. 오늘 한번 작성하지 않는다고 큰일 나지 않아. 내일부터 액션플랜을 작성하면 돼. 원하는 대로 하고 사는 사람이 얼마나 있겠어? 이상은 이상이고 현실은 현실이야.'

변화를 막기 위한 뇌의 작업은 철두철미하고 보이지 않기 때문에 뇌의 유혹을 떨쳐내기란 쉽지 않습니다. 의식적으로 액션플랜을 세우고 실행하지 않으면 행동으로 연결되기 어렵습니다. 새로움은 저항과 반발을 동반합니다.

그럴 때 액션플랜은 감정에서 벗어나 생각을 행동으로 연결하는 데 큰 도움이 됩니다. 생각과 행동의 저항과 간극을 최대한 줄이고, 행동의 변화를 통해 궁극적으로 원하는 내 모습으로 변화시키기 위해 액션플랜은 반드시 필요합니다. 원하는 삶은 스스로 선택하고, 생각대로 실행할 때 이룰 수 있습니다.

감정에 사로잡히면 다른 방식을 선택하고 싶어도 어떻게 해야 하는지 떠오르지 않아서 막막해지기 마련입니다. 때문에 액션플랜을 머릿속에 먼저 자리하게 하는 것이 필요합니다. 액션플랜을 작성한다고 당장 행동에 변화가 나타나지는 않습니다. 하지만 뇌를 변화시키고 나를 변화시키는 것은 매일 실행하는 꾸준함이라는 사실을 기억하세요. 꾸준히 쌓아야만 무르익은 생각이 행동으로 나타날 수 있습니다.

(각 감정을 느낄 때 하고 싶은 말과 행동, 그것을 하기 위한 액션플랜 3가지를 작성합니다.)

• **두려움에 대한 액션플랜**

① '내가 두려움을 느끼고 있구나' 마음속으로 이야기한다.

② 심호흡을 열 번 한다.

③ 좋아하는 음악을 듣는다.

• **좌절에 대한 액션플랜**

① 좌절의 감정을 느끼고 있음을 알아차린다.

② 좌절 뒤에 숨겨진 욕구를 찾는다. (가족과 친구에게 잘 보이
고 싶었다 → 인정, 관심, 사랑, 배려, 존중, 소통, 이해, 존재
감, 중요하게 여겨짐.)

③ 눈을 감고 심호흡을 열 번 한 후 나에게 중요한 욕구를 인정
하고 소리 내어 말한다. ('나에게는 인정, 관심, 사랑, 배려,
존중, 소통, 이해, 존재감, 중요하게 여겨짐이 중요하구나.'
'지금 이대로 내 모습으로 충분해.')

④ 찾은 욕구를 충족할 방법을 찾는다. (취업 중 최종 합격이 안
됐더라도 다시 나의 장점과 잘하는 것을 찾아서 시도한다.
오래전 마음에 묻어둔 제빵사 자격증에 도전한다.)

- **따분함에 대한 액션플랜**
  ① 책을 들고 공원으로 나간다.
  ② 항상 가던 길이 아닌 새로운 길로 가본다.
  ③ 친구와 가족에게 전화한다.

제아무리 훌륭한 액션플랜이라 한들 본질보다 중요하지 않습니다. 지금 이 순간, 액션플랜을 세우고 실행하고자 하는 이유는 무엇인가요? 순간순간 느끼는 감정을 다양하게 바라볼 수 있게 되면, 감정 일기와 액션플랜을 작성하게 하는 본질이 무엇인지도 찬찬히 생각해 보세요. 액션플랜을 통해 내가 이루고 싶은 본질을 만날 수 있습니다.

자존감이 향상된다는 것은

나와 나 사이의 관계가

좋아진다는 의미입니다.

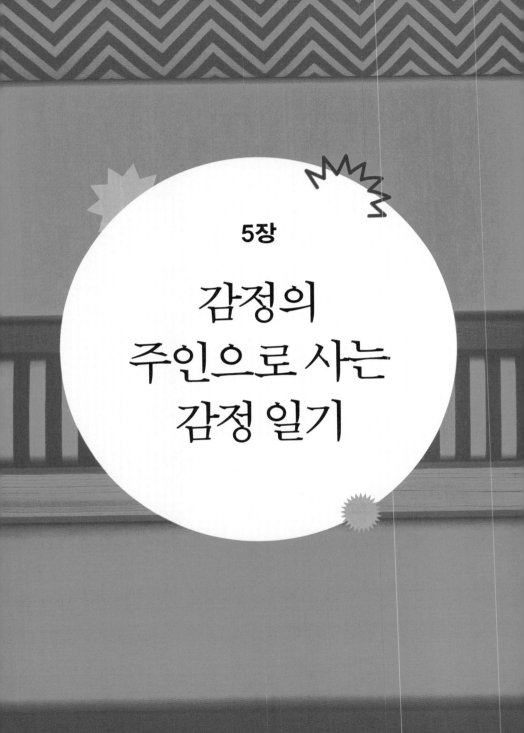

5장

감정의
주인으로 사는
감정 일기

감정에 휘둘리지 않고 감정의 주인으로 사는 하루 15분, 30일간 감정 일기 쓰기를 시작합니다. 감정 일기는 1주일에 5일, 5개의 감정을 다루며, 총 6주 동안 진행합니다. 월요일부터 금요일까지 감정 일기를 쓰고, 주말에는 한 주간의 감정을 정리합니다.

감정 일기 쓰기와 함께 해야 할 일이 있습니다. 매일 아침, 하루를 시작하며 "나는 감정의 주인이다"라고 소리 내어 인사합니다. 다른 사람이 아닌 나 자신에게 하는 인사이니 목소리는 크든 작든 상관없습니다. 단, 소리 내어 이야기하는 것을 추천합니다. 저는 감정 일기가 삶의 일부가 될 때까지 매일 아침 "나는 감정의 주인이다"라고 크게 외쳤습니다. 감정의 주인이라는 사실을 선포하는 의식이자 결단의 메시지라고 할 수 있습니다.

아침에는 감정의 주인임을 알아채며 시작하고 밤에는 감정 일기로 하루를 마무리하면서, 하루의 시작과 마침이 온전히 나에게 있음을 인식할 수 있습니다. 변화는 알아차림에서 시작합니다.

내 감정을 알 때,

감정 뒤에 숨겨진

욕구를 알 수 있습니다.

1주차
Basic

1. 사랑

오늘의 감정은 사랑입니다. 우월하거나 상위로 꼽을 수 있는 감정은 존재하지 않지만 그럼에도 불구하고 사랑은 모든 감정 중에서 가장 강력하고 위대하며 나 자신을 나답게 존재하고 유지하게 하는 감정이라고 할 수 있습니다.

우리 모두는 사랑으로 창조되었고, 사랑으로 삶을 유지하고 용기를 낼 수 있습니다. 저도 삶의 모든 것이 나락으로 떨어져 더 이상 아무 희망 없이 고통에 몸부림칠 때 일어설 수 있던 원동력은 오직 사랑이었습니다.

마음에 들지 않는 나 자신부터 매일 사랑하고 돌보는 연습을 하세요. 미덥지 않은 자신일지라도 매일 믿고 돌보는 것이 사랑입니다. 또한 매일 자신을 믿고 돌보는 사람이 다른 사람도 사랑할 수 있습니다. 사랑받기 위해 기다리지 말고 먼저 스스로 사랑하는 사람이 될 때 성숙한 사랑을 할 수 있습니다. 기억하세요. 사랑은 받는 것이 아니라 하는 것입니다. 사랑은 선택입니다. 스스로 하는 선택, 선택에 따르는 믿음과 책임이 있을 때 창조가 일어납니다.

예시 다른 사람들은 어떻게 썼을까?

○월 ○일 ○요일 │ 사랑 감정 일기

1. 나는 주로 언제 이러한 감정을 느끼나요?

꼬리를 흔들며 나를 반기는 반려견을 볼 때. 남자 친구가 내가 제일 예쁘다고 할 때. 관절염으로 고생하면서도 일주일에 한 번씩 반찬을 갖다주는 엄마에게.

2. 나는 오늘 이 감정을 느꼈나요?
느꼈다면 언제, 어떤 상황에서 느꼈나요?

　퇴근 후 집에 들어서는데 반려견이 나를 보자마자 폴짝폴짝 뛰며 졸졸 따라다니는 모습에 사랑을 느꼈다. 잠이 오지 않아서 힘든 나를 위해 새벽 1시에도 불구하고 수면 음악을 찾아서 보내주는 남자 친구에게 사랑을 느꼈다. 퇴근하고 몸은 천근만근이고 귀찮은데도 평소처럼 햄버거를 포장하지 않고 김치볶음밥을 해서 먹은 내가 사랑스럽고 뿌듯했다.

3. 오늘 하루, 나의 핵심 감정은 무엇인가요?

　짜증, 초조함, 속상함.

　출근 시간에 지하철 내에서 생긴 시위로 출근이 지체되어서 짜증나고 초조했다. 어쩔 수 없는 상황이었고, 나 말고 다른 직원도 30분 지각했지만 너무너무 속이 탔다. 결국 점심시간 전까지 마무리할 계획이었던 제안서를 마무리하지 못해서 속상했다.

4. 오늘의 감사(감사합니다)

　어이없이 지각을 해서 제안서가 늦어졌다. 예전 같으면 점심시간에 식사를 대강 때우고 제안서를 마무리했을 텐데, 제대로 식사를 챙겨 먹고 커피를 마시며 공원 산책까지 했다. 한결 편안하고 안정된 마음으로 제안서를 만족스럽게 마치고 기분 좋은 오후를 보낼 수 있어서 감사합니다.

월   일   요일 │ 사랑 감정 일기

1. 나는 주로 언제 이러한 감정을 느끼나요?

2. 나는 오늘 이 감정을 느꼈나요? 느꼈다면 언제, 어떤 상황에서 느꼈나요?

3. 오늘 하루, 나의 핵심 감정은 무엇인가요?

4. 오늘의 감사(감사합니다)

2. 미움

오늘의 감정은 미움입니다. 미운 감정은 생생히 살아 있습니다. 나보다 잘 나가는 직장 동료와 친구, 혹은 가족에게 꼭꼭 숨기고 표현하지 않는 미움은 어떤 종류인가요? 유치하고 치졸하다는 마음과 자괴감이 들 수도 있지만, 미움은 누구나 느끼는 감정으로 나쁜 감정이 아닙니다.

창피하지만 저는 주로 저보다 능력이 없는 것 같은데 일이 잘 풀리는 사람들을 보면 미웠습니다. 시기와 질투가 미움과 짝지어 다닌 감정이었습니다. 그리고 한참 지나 제 삶을 돌아보며 깨닫게 되었습니다. 다른 사람을 미워한 것은 실은 제 자신에 대한 미움과 원망이 원인이라는 사실을 말이지요. 저에 대한 미움이 옅어지자 다른 사람들에 대한 미움도 걷어지기 시작했습니다.

언제, 어떤 경우에 미움을 느끼시나요? 미움을 어떻게 표현하시나요? 잠시 잠깐 스치는 미움이라도 남아있는 미움이 있다면 예상치 않은 순간에, 나도 모르게 불쑥 솟아올라 당황할 수 있습니다. 일기를 통해 내 마음의 미움을 알고, 이해하고 공감해 보세요.

예시 다른 사람들은 어떻게 썼을까?

○월 ○일 ○요일 | 미움 감정 일기

1. 나는 주로 언제 이러한 감정을 느끼나요?

남편이 아이의 잘못을 지적하고 혼낼 때, 남편이 자신의 실수와 잘못은 보지 않고 가족들에게 가장으로써 지나친 권위를 내세울

때, 나보다 잘 나가는 친구와 동료를 볼 때, 은근히 잘난 척하는 친구나 지인을 볼 때

2. 나는 오늘 이 감정을 느꼈나요?
느꼈다면 언제, 어떤 상황에서 느꼈나요?

집에 오자마자 가방을 바닥에 던져 놓고 침대에 누워서 유튜브를 보는 아이를 보며 미움과 짜증이 올라왔다.

3. 오늘 하루, 나의 핵심 감정은 무엇인가요?

답답함, 긴장.

오랜만에 연락한 지인의 아들이 삼수를 한다는 말에 시도때도 없이 유튜브와 게임을 보는 아이의 모습이 오버랩 되면서 답답하고 긴장되었다.

4. 오늘의 감사(감사합니다)

화가 난 채로 아이와 같은 공간에 있으면 안 될 것 같아서 집 근처 카페에 갔다. 사장님이 오랜만이라고 반겨주면서 갓 구운 쿠키 두 개를 먹어보라고 주셨다. 얼굴이 피곤해 보인다며 피곤할 때는 커피보다 차가 좋다고 마음을 써 주시는 사장님에게 진심으로 감사합니다.

월   일   요일 │ 미움 감정 일기

1. 나는 주로 언제 이러한 감정을 느끼나요?

2. 나는 오늘 이 감정을 느꼈나요? 느꼈다면 언제, 어떤 상황에서 느꼈나요?

3. 오늘 하루, 나의 핵심 감정은 무엇인가요?

4. 오늘의 감사(감사합니다)

3. 화

오늘의 감정은 화입니다. 화는 외면하고 싶고 느끼고 싶지 않은 감정으로, 때로는 불필요하고 쓸모없다고 여기는 감정이기도 합니다. 하지만 쓸모없는 감정은 없습니다.

　화라는 감정을 다루며 반드시 생각해야 할 것은 화풀이가 아닌 화를 지혜롭게 표현하는 방법을 배워야 한다는 사실입니다. 대부분 화와 화풀이를 동일하게 여깁니다. 하지만 화와 화풀이는 감정의 주체가 전혀 다릅니다. 화는 내 감정의 책임이 나에게 있음을 뜻합니다. 화풀이는 상대방에게 감정의 책임을 떠넘기면서 '너 때문에 화가 났으니 내가 너에게 화를 내는 것은 정당하다'는 의미를 담고 있습니다. 화풀이를 통해 자신을 위로하고 상대방에게는 그에 합당한 처벌을 내린다고 착각합니다.

　저는 아이들이 제 마음을 알아주지 않았을 때 외롭고 서운하고 속상했습니다. 그리곤 저도 모르게 외로움과 속상함, 서운함을 느낄 때 화가 났습니다. 표정과 목소리가 차갑게 굳어짐과 동시에 언성이 높아지고 말이 빨라지면서 제 입장만 이야기하는 전형적인 화풀이를 했습니다. 너희들 때문에 엄마가 화가 났으니 나는 너희를 이렇게 대해도 괜찮다는 합리화이자 항변이었습니다. 저는 정말 아이들 때문에 화가 났을까요? 아니요. 사랑, 인정, 관심, 소통, 연결, 공감, 이해, 상호성, 협력, 수용, 지지, 질서, 균형 같은 저의 여러 욕구가 채워지지 않아서 느낀 화, 외로움, 속상함, 서운함이었습니다.

　화는 채워지지 않은 욕구를 알려주는 강력한 감정입니다. 평소에도 자주 화가 난다면 화라는 감정이 이야기하고 싶은 욕구를 꾸준히 찾아보세요.

　예시　다른 사람들은 어떻게 썼을까?

○월 ○일 ○요일 | 화 감정 일기

1. 나는 주로 언제 이러한 감정을 느끼나요?

내 뜻대로 되지 않을 때. 억울하게 피해를 보고 손해 볼 때. 비난과 비판을 받을 때. 내가 노력한 만큼 인정해 주지 않을 때.

2. 나는 오늘 이 감정을 느꼈나요?
느꼈다면 언제, 어떤 상황에서 느꼈나요?

미처 자리에 앉지 않은 승객들이 많았는데 확인하지 않고 버스가 급히 출발하는 바람에 넘어질 뻔했다. 버스 기사에게 따지고 싶을 만큼 화가 났다.

3. 오늘 하루, 나의 핵심 감정은 무엇인가요?

당황, 답답함.

자격증을 취득하기 위해 공부를 하는데 열심히 문제를 풀고 암기해도 생각한 만큼 점수가 나오지 않았다. 답지에 문제가 있는지 순간적으로 당황스럽고 답답했다.

4. 오늘의 감사(감사합니다)

독감에 걸려서 며칠간 학교에 가지 못했던 아이가 친구들이 정리한 노트를 보여주고 수행 평가 준비도 상세하게 알려줬다며 안심했다. 아이를 배려해 주고 도와준 친구들에게 감사합니다.

월   일   요일 | 화 감정 일기

1. 나는 주로 언제 이러한 감정을 느끼나요?

2. 나는 오늘 이 감정을 느꼈나요? 느꼈다면 언제, 어떤 상황에서 느꼈나요?

3. 오늘 하루, 나의 핵심 감정은 무엇인가요?

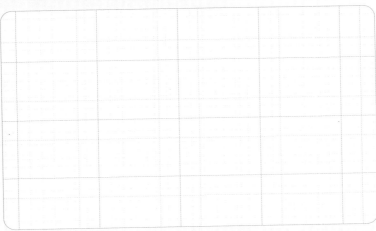

4. 오늘의 감사(감사합니다)

4. 짜증

오늘의 감정은 짜증입니다. 짜증이라는 단어를 듣기만 해도 짜증이 나시나요? 짜증은 매우 일상적이고 빈번한 감정으로 남성보다 여성에게 익숙한 감정입니다. 화, 미움, 짜증은 형제처럼 함께 어울리는 특징이 있습니다. 짜증을 느낄 때는 주로 원치 않은 상황이 반복되는 경우가 많습니다. 화도 비슷하지요. 저는 몸이 좋지 않고 아프면 여지없이 짜증이 나서 건강한 몸을 유지하기 위해 노력합니다. 사람의 감정은 신체 활력에 직접적인 영향을 받기 때문에 마음을 잘 다루고 싶으면 먼저 건강부터 챙겨야 합니다. 몸이 건강하지 않은데 마음이 건강할 수는 없습니다.

감정은 체력에서 시작한다 해도 과언이 아닙니다. '신체적 변화를 지각한 후에 정서적 경험을 한다'는 제임스 랑게의 심리학 이론처럼 슬퍼서 우는 것이 아니라 울어서 슬프고, 행복해서 웃는 것이 아니라 웃어서 행복하다는 이론에 저도 동의합니다.

컨디션이 좋은 날에는 여유롭게 상대방을 대하는데 컨디션이 좋지 않은 날에는 똑같은 말과 행동에도 뾰족하게 반응한 경험, 모두 있으시지요? 마음을 잘 다루지 못해서가 아니라 몸이 받쳐주지 않기 때문입니다. 특히 여성은 호르몬의 변화로 몸과 마음에 많은 변화가 따르기 때문에 일상에서 더더욱 체력을 관리할 필요가 있습니다.

저는 시간 여유가 있으면 한 정거장 전에 내려서 걷고, 지하철 계단을 틈틈이 오릅니다. 첫 시작은 한 걸음이었습니다. 당장은 불편하고 힘들지만, 불편함이 누적되는 만큼 몸과 마음은 자유로워집니다.

예시 다른 사람들은 어떻게 썼을까?

○월 ○일 ○요일 │ 짜증 감정 일기

1. 나는 주로 언제 이러한 감정을 느끼나요?

계획대로 되지 않거나 나만의 질서가 무너졌을 때. 충분히 설명했는데 상대방이 이해하지 못해서 재차 설명해야 할 때. 잠이 부족하거나 몸이 많이 피곤할 때. 원치 않는 잔소리를 해야 할 때.

2. 나는 오늘 이 감정을 느꼈나요?
느꼈다면 언제, 어떤 상황에서 느꼈나요?

얼마 전 말다툼했던 사람을 출근길에 우연히 마주쳐서 짜증이 났다. 앙금이 남은 상태여서 불편함과 어색함을 느꼈고, 나의 미숙했던 대처가 고스란히 떠올라 화가 났다. 이럴 때 누구보다 나 자신에게 짜증난다.

3. 오늘 하루, 나의 핵심 감정은 무엇인가요?

걱정, 근심, 초조함.

대학원 진학을 위해 퇴사한다. 앞으로 어떻게 살아야 할지 걱정이다. 대학원 등록금과 입학금을 내면 매달 고정 지출 외에 돈을 한 푼도 쓰지 않아야 계산이 맞는데…. 이 상태로 대학원에 진학하는 게 맞는 건지 몹시 초조하고 걱정되었다.

4. 오늘의 감사(감사합니다)

학생 시절 자주 찾던 중국집이 생각나서 몇 년 만에 찾아갔다. 당연히 가격이 올랐을 줄 알았는데 양과 맛은 물론 친절과 가격까지 변함없어서 깜짝 놀랐다. 어떻게 그대로일 수 있는지 감사한 마음으로 식사했다. 사장님, 감사합니다.

월   일   요일 | 짜증 감정 일기

1. 나는 주로 언제 이러한 감정을 느끼나요?

2. 나는 오늘 이 감정을 느꼈나요? 느꼈다면 언제, 어떤 상황에서 느꼈나요?

3. 오늘 하루, 나의 핵심 감정은 무엇인가요?

4. 오늘의 감사(감사합니다)

5. 긴장

오늘의 감정은 긴장입니다. 긴장하고 싶지 않은데, 나보다 몸이 먼저 긴장하는 게 느껴집니다. 어깨가 굳고 손에는 땀이 차고 입이 마르고 아랫배가 묵직하거나 속이 답답해지기도 합니다.

　반복되는 긴장과 스트레스에서 벗어나려면 어떻게 하면 좋을까요? 스트레스를 받는 상황은 사람마다 다르지만 완화하는 방법은 비슷합니다. 먼저, 크게 심호흡을 합니다. 심호흡을 하면 흉식호흡을 할 때보다 3~5배 많은 산소가 체내에 유입이 되고 뇌로 확산되면서 혈액순환이 촉진됩니다. 그로 인해 긴장으로 나타나는 손과 발의 땀과 경직된 근육에 도움을 줍니다. 또한 교감 신경과 부교감 신경의 균형을 맞추며 대표적인 행복 호르몬인 세로토닌의 분비를 촉진해 몸과 마음을 이완시킵니다. 충분히 심호흡을 한 후, 긴장하고 있는 몸의 상태를 있는 그대로 받아들입니다.

　'머리가 무겁네. 어깨에 힘이 들어갔네. 심장이 빨리 뛰는구나.'

　그리고 나서 마음의 상태를 인식하고 그대로 받아들입니다.

　'중요한 발표, 시험과 큰일 앞에서 긴장하는 건 자연스러워. 얼마나 큰 스트레스야, 충분히 긴장할 만해.'

　긴장한다는 것은 그 상황 또는 사건, 사람이 나에게 중요한 의미를 지녀서 좋은 결과를 얻고 싶다는 의미입니다. 잘하고 싶은 마음이 클수록 긴장도 커집니다. 어떻게 돼도 상관없는데 긴장하는 경우는 없습니다.

　긴장 뒤에 무엇이 숨어있을까요? 인정, 사랑, 관심, 존중, 중요하게 여겨짐, 존재감, 성취, 자기보호, 안심, 홀가분함, 안전, 자유…. 찬찬히 긴장으로 드러난 욕구를 찾아보고 그 욕구가 나에게 중요하다는 사실을 소리 내어 말하거나 작성해 보세요.

　"나에게는 인정, 존재감, 성취, 관심이 중요하구나."

자신의 욕구를 인지하고 인정하는 것보다 더 큰 공감은 없습니다. 자기 공감을 통해 긴장하는 자신을 수용하는 것에 거부감이 없어지면, 조금 더 적극적으로 긴장을 유발하는 상황을 떠올리면서 머릿속으로 미리 연습하고 준비할 수 있습니다. 사람들의 시선이 느껴지면 어떻게 반응할지, 원하는 반응과 원치 않는 반응, 돌발 상황에 어떻게 대응할지 세부적으로 계획을 세우고 반복합니다. 머릿속의 상황극이 익숙해지면 실제 행동으로 시도하고 반복합니다. 뇌는 현실과 상상을 구분하지 못하는 특성이 있기 때문에 머릿속의 상황극이 익숙해지면 실제 상황에서 긴장하지 않고 유연하게 대처할 수 있습니다.

성공과 만족스러운 결과만 수용하는 것이 아니라 실수, 실패 그로 인한 좌절과 불안, 무기력, 불면까지도 받아들일 필요가 있습니다. 왜 내 마음에 드는 것, 원하는 것만 받아들이고 나머지는 거부하고 무시할까요? 삶은 '가끔 실수해도 괜찮고, 어쩌다 인정받지 않아도 괜찮아'가 아닌 '가끔 성공하고, 어쩌다 인정받는 것'입니다.

인정에 관한 욕구를 무시하고 억누르면 더 큰 긴장을 일으킵니다. 내면의 인정과 사랑, 관심, 존중과 존재감에 관한 욕구를 충분히 인정하면서 다른 사람이 아닌 스스로 충족할 수 있는 방법은 없는지 살펴보세요. 그리고 아무리 뛰어난 사람이라 하더라도 항상 인정받거나 완벽할 수 없다는 사실을 기억하세요. 우리는 완벽한 사람을 사랑하지 않습니다. 자신의 모습 그대로 자신을 사랑하고 성장하는 사람을 사랑합니다.

특별히 오늘은 긴장 완화를 위해 할 수 있는 나만의 방법을 작성해 보면 좋겠습니다.

○월 ○일 ○요일 ｜ 긴장 감정 일기

1. 나는 주로 언제 이러한 감정을 느끼나요?

　시험 볼 때. 운전할 때. 낯선 곳에 혼자 갈 때. 사람들 앞에서 발표할 때. 노래 부를 때. 새로운 기계를 작동해야 할 때. 모르는 사람이 많은 모임에 나갈 때 긴장한다.

2. 나는 오늘 이 감정을 느꼈나요?
느꼈다면 언제, 어떤 상황에서 느꼈나요?

　강의 준비를 위한 자료와 교재를 만들면서 긴장하고 스트레스 받았다. 어떻게 하면 학생들이 강의에 집중할 수 있을지 고민하며 스트레스를 받았지만, 이로 인해 자료와 강의 준비에 대한 좋은 평가를 받고 있고 좋은 강의를 위해 더욱더 공부해야겠다는 의지를 다질 수 있었다. 그러면서 적당한 긴장은 성장을 위해 필요하다는 생각을 할 수 있었다.

3. 오늘 하루, 나의 핵심 감정은 무엇인가요?

　아쉬움과 그리움.

　연말연시가 되며 한 해가 지나가는 것에 대한 아쉬움을 느꼈고, 얼굴 보자고 이야기하다 일년 내내 보지 못한 친구들이 생각나서 그리웠다.

4. 오늘의 감사(감사합니다)

언니가 직접 만든 베이글을 갖고 집에 와서 맛있는 베이글을 먹으며 즐거운 시간을 보낼 수 있어서 감사합니다.

5. 긴장에서 벗어나기 위한 나만의 방법

따뜻한 물에 샤워한다. 심호흡을 한다. 좋아하는 음식을 먹고 좋아하는 음악을 크게 틀어 놓는다. 노래방에 가서 한 시간 동안 실컷 노래를 부른다. 그림을 그린다. 새우깡을 먹으며 넷플릭스를 본다. 산책한다. 달리기를 한다. 친구에게 전화를 하고 실컷 수다를 떤다. 명상을 한다. 긴장한 상황과 이유에 대한 감정 일기를 천천히 작성한다.

월   일   요일 | 긴장 감정 일기

1. 나는 주로 언제 이러한 감정을 느끼나요?

2. 나는 오늘 이 감정을 느꼈나요? 느꼈다면 언제, 어떤 상황에서 느꼈나요?

3. 오늘 하루, 나의 핵심 감정은 무엇인가요?

4. 오늘의 감사(감사합니다)

5. 긴장에서 벗어나기 위한 나만의 방법

✱ 일주일 간 가장 많이 느낀 감정은 무엇인가요?

예시 다른 사람들은 어떻게 썼을까?

> ✱ 일주일 간 가장 많이 느낀 감정은 무엇인가요?
>
> 외로움, 그리움.
>
> 시댁 행사가 있었는데 나는 몸이 좋지 않아서 남편만 시댁에 가서 며칠 동안 혼자 보냈다. 새로 이사 온 동네라 아는 사람도 하나 없고 모든 게 낯선데 남편까지 없으니 무섭고 외로웠다. 남편 직장 때문에 여기로 이사 온 거라 원망스럽기도 했고, 가족과 친구들이 많이 그립고 보고 싶었다.

2주차

6. 행복

오늘의 감정은 행복입니다. 행복을 모르는 사람은 없습니다. 하지만 왜 행복하고 싶은지 생각하는 경우는 드문 것 같습니다. 막연하게 행복하면 좋겠다고 생각할 뿐이지요. 행복은 모든 인류가 가장 원하고 바라는, 삶의 목적이자 지향점입니다. 현실에서는 행복을 매 순간 놓치고 생각하지 않고 있으니 안타까울 따름입니다.

우리는 왜 행복을 놓칠까요? 일상의 작은 반짝임과 기쁨, 소소한 즐거움보다 크고 강력한 이벤트 같은 행복을 원하기 때문입니다. 일상에서 누리는 것은 행복이 아닌 당연함, 누구에게나 주어진 하찮은 것이라고 생각합니다. 또한 자신이 아닌 타인에게 시선을 고정하기 때문입니다. 다른 사람과 비슷한 성과와 성공을 이루어야 행복하다는 생각에 끊임없이 타인과 비교하고 있는데 진정한 행복을 누릴 수 있을까요?

행복은 스스로 온전히 선택하고, 행복을 결단할 때 누릴 수 있습니다. 언제, 어디서든지요. 행복은 미래의 언젠가 주어지는 것이 아니고, 조건이 충족되면 찾아오는 것도 아닙니다. 지금 바로 행복을 느끼고 누리는 사람이 내일, 모레, 한 달 후 그리고 먼 미래에도 행복할 수 있습니다.

종종 행복을 위한 조건을 달기도 합니다. 돈이 많으면, 합격하면, 예뻐지면, 살을 빼면, 승진하면, 이사 가면, 결혼하면, 취업하면, 건강하면 등의 조건입니다. 그런데 이런 행복의 조건이 불행의 조건이 될 수 있다는 사실을 아시나요?

조건의 충족으로 누리는 기쁨과 행복은 또 다른 조건이 충족되어야 지속할 수 있습니다. 바닷물을 아무리 마셔도 갈증이 사라지지 않고 결국 바닷물 때문에 죽게 되는 것처럼, 조건의 충족으로 인한 행복은 더 많은 갈증과 공허함을 일으킵니다. 조건 없는 사랑이 진정한 사랑인 것처럼 조건 없는 행복이 진정한 행복입니다. 날마다 조건 없이 누리는 일상의 모든 것에서 행복과 감사를 찾고 선택하면 얼마든지 만나고 누릴 수 있는 것이 행복입니다.

주어진 상황에서 무엇을 할 수 있는지 깨닫고 작고 사소한 것부터 실행하는 것이 중요합니다. 낯설어서 어색할 수 있지만 일상의 작고 사소한 행복을 선택하세요. 네잎클로버의 꽃말은 '행운'입니다. 우리는 네잎클로버를 찾기 위해 수많은 세잎클로버를 짓밟습니다. 그런데 세잎클로버의 꽃말은 '행복'입니다. 행운을 위해 행복을 짓밟지는 말아야겠지요?

예시 다른 사람들은 어떻게 썼을까?

○월 ○일 ○요일 | 행복 감정 일기

1. 나는 주로 언제 이러한 감정을 느끼나요?

원하는 성과가 나올 때. 인정받을 때. 사랑하는 사람들과 함께 맛있는 음식을 먹으며 이야기할 때. 좋아하는 취미 생활을 할 때. 나를 위해 시간과 돈 같은 투자를 아낌없이 할 때. 쇼핑할 때. 여행 갈 때. 가족들이 나간 집을 깨끗이 청소하고 맛있는 커피를 마실 때. 산책할 때. 나를 위한 음식을 만들어서 근사하게 담아서 먹을 때. 나를 반기는 강아지를 볼 때. 깊이 푹 자고 개운하게 일어나 창가의 커튼을 젖힐 때. 금요일 저녁에 퇴근하며 편의점에서 맥주를 고를 때. 사우나하고 나서 시원한 음료수 마실 때. 땀 빼고 운동한 후 샤워할 때. 등굣길에 아이가 손 잡아줄 때. 덕질할 때.

2. 나는 오늘 이 감정을 느꼈나요?
느꼈다면 언제, 어떤 상황에서 느꼈나요?

선생님들과 크리스마스 장식과 선물을 준비하며 기쁘고 행복했다. 날씨가 쌀쌀했지만 밤 늦게 산책하다 남편과 붕어빵을 사먹을 때 행복을 느꼈다.

3. 오늘 하루, 나의 핵심 감정은 무엇인가요?

기쁨, 즐거움, 행복.

다음 주부터 휴가라 동료들에게 미리 크리스마스 선물을 주었는데, 깜짝 선물에 몹시 놀라며 즐거워했다. 함께 웃고 떠들며 내가 더 기쁘고 즐거웠다. 행복은 멀리 있지 않다는 사실을 다시 한 번 느꼈다.

4. 오늘의 감사(감사합니다, 미안합니다)

동료 및 친구들과 미리 크리스마스 파티와 축하를 하라고 저녁 시간을 배려해 준 가족들에게 감사합니다. 모임이 생각보다 늦게 끝나서 추운 날씨에 기다린 남편에게 미안합니다.

월   일   요일 | 행복 감정 일기

1. 나는 주로 언제 이러한 감정을 느끼나요?

2. 나는 오늘 이 감정을 느꼈나요? 느꼈다면 언제, 어떤 상황에서 느꼈나요?

3. 오늘 하루, 나의 핵심 감정은 무엇인가요?

4. 오늘의 감사(감사합니다, 미안합니다)

7. 기쁨

오늘의 감정은 기쁨입니다. 크고 작은 기쁨이 모일 때 행복을 느끼지요. 일상에서 기쁨을 느끼려면 어떻게 하면 좋을까요? 기쁨을 느끼는 순간은 사람마다 다르지만, 지극히 사소한 것에서도 얼마든지 느낄 수 있습니다. 걷다 잠시 바라본 맑은 하늘에서, 땀을 식혀주는 한 줄기 바람에서, 차가운 손을 따뜻하게 감싸주는 핫팩에서, 나를 바라보는 아이의 눈빛에서. 아스팔트 사이에서 힘겹게 피어난 이름 모를 꽃을 볼 때처럼 얼마든지 찾아서 누릴 수 있는 감정이 기쁨입니다.

행복해서 웃는 것이 아니라 웃어서 행복한 것처럼 기쁨 역시 마찬가지입니다. 느끼기를 원하는 감정이 있다면 몸을 먼저 움직여 보세요. 몸의 반응에 감정도 반응합니다. 감정은 욕구와 연결되어 있지만 의도를 갖고 느끼기를 원하면 원하는 감정을 누릴 수 있습니다. 기쁨을 느끼고 싶다면 기쁨을 향해 몸을 움직여 보세요.

저는 오랜 불면증과 수면제 금단증상으로 고통스러울 때, 기쁨과 행복이 찾아오기만을 기다렸습니다. 기다리고 기다리면 찾아오리라 믿었습니다. 그러던 어느 날, 제가 마지막으로 언제 웃었는지 전혀 기억이 나지 않는다는 사실을 알았습니다. '나는 대체 언제 웃을 수 있지?' 참담했습니다. 그러다 문득 웃고 싶으면 언제든지 웃으면 된다는 생각이 들었습니다. 기쁘게 웃을 수 있는 상황을 기다릴 게 아니라, 스스로 웃음을 선택해서 기쁨과 행복을 만들기로 했습니다. 굳어버린 몸과 마음을 뒤로 하고, 거울 앞에 서서 억지로 입꼬리를 끌어올려 웃었습니다. 이런 작은 노력이 점점 더 저를 기쁨과 행복으로 안내했습니다. 상황은 아무것도 변하지 않았지만, 저 자신을 변화시키자 상황도 점차 바뀌었습니다. 기쁨과 행복을 선택하고 웃기로 결심한 본질은 사랑, 돌봄, 공감, 이해, 자기보호, 안심이었습니다.

기쁨이 느껴지지 않는다고, 혹은 원하는 감정을 느끼지 못한다고 자신을 책망하거나 미워하지 마세요. 감정과 욕구는 고여 있지 않습니다. 지금 이 순간에도 나를 위해 유유히 흐르고 있습니다.

예시   다른 사람들은 어떻게 썼을까?

○월 ○일 ○요일 │ 기쁨 감정 일기

1. 나는 주로 언제 이러한 감정을 느끼나요?

노력한 결실을 얻었을 때. 좋은 점수를 받거나 승진했을 때. 어려운 문제를 혼자 해결했을 때. 보고 싶은 사람을 만났을 때. 순수하게 나를 축하하고 인정하는 사람들과 있을 때. 좋아하는 사람과 함께 있을 때. 어쩌다 골프공이 잘 맞았을 때.

2. 나는 오늘 이 감정을 느꼈나요?
느꼈다면 언제, 어떤 상황에서 느꼈나요?

몇 년 만에 어떻게 지내는지 궁금하다고 먼저 연락해온 친구와 문자로 대화할 수 있어서 기뻤다. 점심시간에 자신의 커피를 사며 내 것도 건네주는 동료의 호의에 기쁘고 감사했다.

3. 오늘 하루, 나의 핵심 감정은 무엇인가요?

뿌듯함, 자랑스러움.

불면과 우울에 도움이 된다고 해서 억지로 걷기 시작한 지 3개

월 만에 처음으로 만 보를 걸었다. 처음에는 너무 걷기 싫었는데 이제는 어느 정도 익숙해졌고 체력이 좋아진 것도 느끼게 되었다. 걸으면 잡념이 사라지고 걷고 나면 걱정의 크기가 많이 줄어든다는 사실을 깨달았다. 몸과 마음을 위해 지난 3개월간 열심을 내고, 앞으로도 계속 걸을 생각을 하는 내가 뿌듯하고 자랑스럽다.

4. 오늘의 감사(감사합니다, 미안합니다)

걷기를 통해 몸과 마음을 어느 정도 컨트롤할 수 있는 자신감이 생겨서 감사합니다. 지하철에서 내 몸에 세게 부딪힌 사람을 째려봐서 미안합니다. 어쩔 수 없는 상황이라는 사실을 알면서도 순간적으로 짜증이 났습니다.

월   일   요일 │ 기쁨 감정 일기

1. 나는 주로 언제 이러한 감정을 느끼나요?

2. 나는 오늘 이 감정을 느꼈나요? 느꼈다면 언제, 어떤 상황에서 느꼈나요?

3. 오늘 하루, 나의 핵심 감정은 무엇인가요?

4. 오늘의 감사(감사합니다, 미안합니다)

8. 슬픔

오늘의 감정은 슬픔입니다. 왈칵 눈물이 쏟아질 정도로 무게감이 큰 순간 뿐만 아니라, 삶의 크고 작은 상실에서 우리는 많은 슬픔을 느낍니다. 지나간 추억과 경험을 다시 돌이킬 수 없는 상실, 보이는 사물과 현상에 대한 상실, 보이지 않는 감정과 욕구에 대한 상실, 관계에 대한 상실처럼 삶의 면면에는 늘 상실이 동반됩니다. 또한 아쉬움, 안타까움, 속상함, 그리움, 쓸쓸함, 외로움이 함께해서 더욱 깊은 슬픔의 나락에 떨어지기도 하지요.

슬픔을 느낄 때 주로 어떻게 하시나요? 벗어나기 위해 애쓰시나요? 놀랍게도 슬픔을 충분히 느끼고 누릴수록 슬픔에서 벗어나기 수월합니다. 그러니 슬픔이 느껴질 때 벗어나려고 애쓰지 말고 온몸과 마음으로 깊이 느껴보세요.

물론 슬픔을 느끼는 것과 슬픔에 빠지는 것은 다릅니다. 어떤 감정 혹은 대상에 빠진다는 것은 내가 아닌 그 감정과 대상에 주체성을 넘겨준다는 뜻입니다. 주체성을 넘겨주면 원치 않아도 끌려다니게 되지요. '지금 나는 이런 감정을 느끼고 있고, 이 감정은 이러한 욕구로 인해 느끼는구나'라고 인지할 때 주체성을 지키면서 날 것의 감정을 받아들이고 느낄 수 있습니다.

저는 오랫동안 슬펐습니다. 그런데 슬픔을 느끼고 싶지 않아서 애써 외면했습니다. 슬픔 따위에 저를 넘겨주고 싶지 않았고, 무엇보다 슬픔에 무너지는 저 자신을 감당할 수 없어서 무시했습니다. 쇼핑하고 인터넷 검색을 하고 다른 사람들의 삶을 곁눈질하면서 부러워했습니다. 그들처럼 되면 더 이상 슬픔이 없을 것 같았습니다. 그래서 다른 사람들처럼 되기 위해 노력했습니다. 내가 아닌 다른 사람의 삶을 따르면서 행복할 수 있었을까요? 아니요. 외면의 행복은 찾았지만 내면은 더 큰 슬픔과 상실로 가득 찼습니다. 그때 깨달았습니다. 피한다고 해결되는 것이 아니라는 것을요. 그리고 다른 사람처럼 산다고 슬픔이 사라지고 찬란한 기쁨과 행복이 찾아오지 않는다는 사실을 말이지요.

슬픔을 두려워하거나 피할 필요는 없습니다. 온전히 느껴보세요. 슬픔은 무엇에 상실과 아쉬움을 느끼는지 알려주고, 몸과 마음에 채움이 필요하다는 사실을 일깨워 줍니다.

예시 다른 사람들은 어떻게 썼을까?

○월 ○일 ○요일 | 슬픔 감정 일기

1. 나는 주로 언제 이러한 감정을 느끼나요?

열심히 일하고 싶은데 이런저런 상황 때문에 일하지 못하고 역할에 충실할 수 없을 때. 몸이 아플 때. 친한 친구나 동료들과 헤어질 때. 아이들이 커서 내 손길이 필요 없을 때. 슬픈 영화나 책을 볼 때. 나만 소외당할 때. 가까운 사람의 사고나 죽음, 실직을 접했을 때. 내 의견이 반영되지 않을 때.

2. 나는 오늘 이 감정을 느꼈나요?
느꼈다면 언제, 어떤 상황에서 느꼈나요?

병원에서 진료를 받고 휴직해야 한다는 사실을 알았을 때. 돌아가신 엄마와 비슷한 모습을 한 분이 노점에서 야채를 파는 모습을 봤을 때 안쓰러움과 함께 엄마 생각이 났다. 친구와 오랜만에 본 영화가 너무 슬퍼서 주책맞을 정도로 눈물을 흘렸다.

3. 오늘 하루, 나의 핵심 감정은 무엇인가요?

느긋함, 평온함.

예상에 벗어난 일 없이 평이하고 덤덤한 가운데 따뜻한 스토브 앞에서 휴가 계획을 세우며 느긋함과 평온함을 느꼈다.

4. 오늘의 감사(감사합니다, 미안합니다)

요 며칠 내내 아프던 허리 통증이 사라져서 감사합니다. 아이가 공들여서 만든 유리 장식을 청소하다 떨어뜨려서 깨뜨렸다. 아이에게 진심으로 미안합니다.

월   일   요일 │ 슬픔 감정 일기

1. 나는 주로 언제 이러한 감정을 느끼나요?

2. 나는 오늘 이 감정을 느꼈나요? 느꼈다면 언제, 어떤 상황에서 느꼈나요?

3. 오늘 하루, 나의 핵심 감정은 무엇인가요?

4. 오늘의 감사(감사합니다. 미안합니다)

9. 후회

오늘의 감정은 후회입니다. 일상에서 후회하는 순간이 많으신가요, 적으신가요? 저는 후회할 때가 참 많았습니다. 대체 그 순간에 왜 그런 말과 행동을 했는지 저를 한 대 때려주고 싶을 때도 있었습니다. 그런데 생각보다 많은 사람들이 '이러지 말 걸, 저러지 말 걸, 그게 더 나았어'하며 후회 속에 산다는 사실을 알게 되고, 또 인간의 불완전성을 인식하게 되면서 후회에서 점차 벗어날 수 있었습니다.

후회할 일을 애초에 하지 않으면 얼마나 좋을까요? 하지만 우리는 신이 아니기에 불가능합니다. 누구나 실수합니다. 실수는 잘못되거나 하지 말아야 할 것이 아닙니다. 물론 동일한 실수를 계속 반복한다면 어떤 문제가 있는지 살펴볼 필요가 있습니다. 그럼에도 불구하고 자신의 실수를 너그럽게 대하면 좋겠습니다. 나조차 내 실수를 포용할 수 없다면 누가 내 실수를 진심으로 포용하고 안아줄 수 있을까요? 내 실수에 너그러워질 때 타인의 실수도 담백하고 흔쾌하게 그 자체로 받아들일 수 있습니다.

실수 없이 원하는 것을 얻는 방법은 없습니다. 실수는 성장과 성취의 밑거름입니다. 오늘도 순간순간 실수하는 자신을 보면서 이렇게 이야기하면 좋겠습니다. '오늘도 실수를 무릅쓰고 도전한 나를 사랑해. 실수를 통해 성장하고 성숙할 수 있어서 감사해.'

저는 오랜 기간 후회와 자책 속에 살았습니다. 그러다 보니 주로 과거에 머물러 지냈습니다. 몸만 현재에 있으니 우울하고 슬펐습니다. 우울과 슬픔은 미래에 대한 불안과 걱정을 일으켰습니다. 과거와 미래를 극단적으로 오갔으니 몸과 마음이 얼마나 힘들고 괴로웠을까요? 그럼에도 당시에는 제가 머물고 있는 현재를 바라보지 못하고 집중하지 못한다는 사실을 인식하지 못했습니다. 스스로 질문해 보세요. '나는 온전히 현재에 거

하고 있을까?'

자책과 후회는 우리를 과거에 머물게 하고, 불안과 걱정은 미래에 머물게 합니다. 현재에 존재할 때 우리는 나 자신에게 온전히 집중하며 평안을 누릴 수 있습니다. 현재에 거하고 싶은데 뜻대로 되지 않을 때 몸을 움직여 보세요. 생각은 생각으로 변화시킬 수 없습니다. 이리저리 튀는 마음을 붙잡을 수 없을 때는 일단 몸을 움직이면 현재에 집중하기 수월해집니다.

예시 다른 사람들은 어떻게 썼을까?

○월 ○일 ○요일 │ 후회 감정 일기

1. 나는 주로 언제 이러한 감정을 느끼나요?

예전에 찍은 사진들을 볼 때. 명절에 시댁 식구들이 먼저 전화했을 때. 해야 할 일을 미뤘을 때. 다이어트 한다고 하고서 많이 먹은 뒤 내일부터 다시 시작한다고 할 때. 가족들에게 잔소리했을 때. 갈등을 피하고 싶어서 상대방의 말에 동의하고 따랐는데 결국 갈등 상황이 빚어졌을 때. 한 해를 돌아보는 연말에.

2. 나는 오늘 이 감정을 느꼈나요?
느꼈다면 언제, 어떤 상황에서 느꼈나요?

4년 전 사진을 보자 뭐 하나 제대로 이룬 것 없이 나이만 든 모습에 후회와 속상함을 느꼈다. 조금만 먹는다고 했는데 결국 친구와 맛집에 가서 신나게 먹고 디저트까지 흡입한 뒤 후회했다.

3. 오늘 하루, 나의 핵심 감정은 무엇인가요?

만족, 뿌듯함.

아침에 계획한 일들을 하나도 미루지 않고 모두 마쳤다. 청소와 설거지, 세탁을 마치고 여유롭게 만 보를 걷고 책을 읽고 나니 만족스럽고 뿌듯하다. 내 선택에 따라 일상이 얼마든지 축복과 감사로 변할 수 있다는 사실을 믿자 작은 것이 주는 소중함을 깨닫게 되었다.

4. 오늘의 감사(감사합니다, 미안합니다)

어제 밤 잠을 설쳤지만 잠이 부족하고 피곤한 사실에 집중하지 않고 할 수 있는 것을 선택하고 실행할 수 있어서 감사합니다. 추운 날씨에 전단지를 나눠주는 분을 보고 안타까웠지만, 춥고 귀찮다는 이유로 전단지를 받지 않아서 미안합니다.

월   일   요일 | 후회 감정 일기

1. 나는 주로 언제 이러한 감정을 느끼나요?

2. 나는 오늘 이 감정을 느꼈나요? 느꼈다면 언제, 어떤 상황에서 느꼈나요?

3. 오늘 하루, 나의 핵심 감정은 무엇인가요?

4. 오늘의 감사(감사합니다, 미안합니다)

10. 부끄러움

오늘의 감정은 부끄러움입니다. 성인이 되면 '부끄럽다'는 표현보다는 '소심하다'라는 단어로 대체해서 표현하는 경향이 있습니다.

저는 타고나길 예민하고 내성적이라 부끄러움은 삶의 동반자였습니다. 게다가 중학생 때 안면 홍조증이 심하게 생긴 후로는 아무렇지 않은 순간에도 얼굴이 새빨개지는 홍조 때문에 당황스러웠습니다. 분명히 얼굴이 빨개질 상황이 아니었는데 말이지요. 지금은 그 정도는 아니지만 의도치 않게, 저도 모르는 사이에 얼굴이 상기되어 있는 경우가 있습니다. 하지만 이제는 예전처럼 이런 일로 부끄러움을 크게 느끼지는 않습니다. 본의 아니게 얼굴이 빨개지면 안면 홍조증이 있다고 이야기합니다. 예전에는 이런 말도 제대로 하지 못했는데 말이지요.

우리는 보통 감정 때문에 몸이 반응한다고 생각하지만, 실상은 몸의 반응으로 인해 슬픔, 기쁨, 불안, 긴장과 같은 여러 감정을 느끼게 됩니다. 감정이 워낙 짧은 순간 뇌에서 이루어지는 반응이기 때문에 감정을 먼저 인식하지만, 그전에 몸이 먼저 반응한다는 사실을 기억하세요. 호흡이 느려지거나 빨라지고, 식은땀이 나고, 손발이 차가워지고, 머리가 개운해지고, 어깨가 무겁거나 가벼워지고, 장이 움직이고 갑자기 소화가 되지 않는 몸의 신호에 귀를 기울여 보세요.

내 몸의 반응을 충분히 면밀하게 느낄수록 감정을 알아차리기 쉽고, 몸이 건강하고 단단해질수록 감정도 단단해집니다. 나는 언제, 어떻게, 부끄러움을 느끼고 반응했을까요?

예시 다른 사람들은 어떻게 썼을까?

○월 ○일 ○요일 │ **부끄러움 감정 일기**

1. 나는 주로 언제 이러한 감정을 느끼나요?

여러 사람 앞에서 발표할 때. 내 외모에 대해 사람들이 이야기
할 때. 상대방을 오해했다는 사실을 알았을 때. 다른 사람을 섬기
고 봉사하는 사람들을 볼 때. 나잇값을 못한다고 생각할 때. 내 일
의 결과가 다른 사람에 비해 떨어질 때.

2. 나는 오늘 이 감정을 느꼈나요?
느꼈다면 언제, 어떤 상황에서 느꼈나요?

줌 강의를 듣는데 나를 제외한 모두가 화면에서 얼굴을 가리고
있어서 순간적으로 매우 부끄러웠다. 발표를 하는데 갑자기 목이
잠겨서 이상한 소리가 나자 상사와 동료들이 웃어서 부끄러웠다.

3. 오늘 하루, 나의 핵심 감정은 무엇인가요?

신기함, 즐거움.

친구와 한 번도 가보지 않은 인스타그램 핫플 카페에 가서 사진을
찍으며 새로운 경험을 했다. 새로운 메뉴를 주문하고 카페 내부와
소품을 구경하면서 즐거운 시간을 보냈다. 이런 뒷골목 안까지 카페
가 있고 많은 사람들이 찾아온다는 사실이 신기했고 재미있었다.

4. 오늘의 감사 (감사합니다, 미안합니다)

내 형편과 사정을 이해해서 근무 시간을 조정해 준 상사에게 감
사합니다. 하루에 한 번은 나와 우리 가족을 위해 건강한 집밥을
챙겨먹기로 했는데, 오늘은 피곤해서 햄버거를 포장해 왔다. 건강
에 썩 좋지 않은 햄버거를 저녁으로 먹게 해서 미안합니다.

월   일   요일 | 부끄러운 감정 일기

1. 나는 주로 언제 이러한 감정을 느끼나요?

2. 나는 오늘 이 감정을 느꼈나요? 느꼈다면 언제, 어떤 상황에서 느꼈나요?

3. 오늘 하루, 나의 핵심 감정은 무엇인가요?

4. 오늘의 감사(감사합니다, 미안합니다)

✱ 일주일 간 가장 많이 느낀 감정은 무엇인가요?

예시   다른 사람들은 어떻게 썼을까?

✱ 일주일 간 가장 많이 느낀 감정은 무엇인가요?

걱정, 근심.

얼마 남지 않은 자격시험에 대한 걱정, 자격증 취득 후 빨리 취업을 해야 된다는 돈과 미래에 대한 걱정으로 걱정과 근심이 많은 한주였다.

3주차
Advance

11. 불안

오늘의 감정은 불안입니다. 불안은 믿음이 부족하거나 믿지 못할 때 느끼는 감정이지요. 믿을 수 없기에 미래에 일어날 일을 미리 앞당겨 현재에서 걱정할 때 느끼는 감정이 불안입니다. 미래를 현재로 앞당겨 느끼는 감정이라니. 시점으로만 보면 아주 독특한 감정입니다.

'시험을 망치면 어떡하지? 취업을 못하면 어떡하지? 선생님한테 혼나면 어떡하지?'

미래 시점을 추측함으로 현재에서 느끼는 감정이 불안이라면, 달리 생각하면 오히려 더더욱 스스로 선택할 수 있는 감정이라고 할 수 있습니다. 불안해한다고 해결이 될까요? 그렇지 않습니다. 불안을 느낄 때는 어떤 욕구가 충족되지 않아서 느끼는지 먼저 알아차리고, 그다음 무엇을 준비하고 대비해야 하는지 현재 상황에서 할 수 있는 것에 최선을 다할 때 불안에서 벗어날 수 있습니다. 지금 '할 수 없는 것'이 아닌 '할 수 있는 것'에 집중할 때 불안의 무게를 덜 수 있습니다.

당장 불안에서 빠져나오는 방법은 없습니다. 모든 상황을 통제하거나 뜻대로 할 수 있는 방법은 더더욱 없습니다. 현재에 거하고 있음을 인식하고, 편안한 활동에 마음을 집중해 보세요. 불안을 없애고자 불안에 집중하는 것이 아니라, 편안함으로 시선을 돌려보세요. 차곡차곡 편안함이 쌓일 때 이완이 찾아옵니다.

미래의 불안은 실체가 없습니다. 오직 내 추측으로 인한 실체 없는 감정입니다. 물론 과거의 경험과 지식이라는 근거가 있지만 내 경험과 지식에는 한계와 오류가 있습니다. 왜 그토록 통제하고 싶은지, 무엇을 움켜쥐고 싶은지 본질을 찾아보세요. 본질을 찾을 때 추측에 집착하는 것이 아니라 진정으로 원하는 것에 집중할 수 있습니다.

불안은 나에게 어떤 이야기를 하기 위해 찾아왔을까요? 현재에 굳건히 발을 딛고, 불안이라는 감정이 하는 목소리에 귀를 기울여 보세요.

예시 다른 사람들은 어떻게 썼을까?

○월 ○일 ○요일 │ 불안 감정 일기

1. 나는 주로 언제 이러한 감정을 느끼나요?

업무 시작 전. 잠자리에 들기 전. 발표를 하기 전. 회의하기 전. 아파서 병원에 갈 때. 가족들이 연락을 받지 않을 때. 여행 간 아이가 연락이 없을 때. 통장에 잔고가 별로 없을 때.

2. 나는 오늘 이 감정을 느꼈나요?
느꼈다면 언제, 어떤 상황에서 느꼈나요?

아이가 처음으로 친구들과 여행을 간다고 해서 살짝 불안을 느꼈다. 시험 점수가 좋지 않게 나와서 자격증을 취득하지 못할까 봐 불안했다. 잠들기 전에 오늘도 어제처럼 잠이 들지 않아서 밤을 샐까 봐 걱정되고 불안했다.

3. 나는 이 감정을 느낄 때 주로 어떻게 반응하나요?

의식하지 않으려고 최대한 다른 생각을 하거나, 재미있는 영화나 만화책을 본다. 나와 비슷한 사람의 이야기를 찾아본다. 외부에서 불안의 이유를 찾아 원망하고 탓한다. 기도하면서 마인드컨트롤한다.

4. 오늘 혹은 과거에 이 감정을 느꼈을 때 진심으로 하고 싶은
   말과 행동은 무엇인가요?

'괜찮아, 걱정하는 일은 대부분 일어나지 않아'라고 한 뒤 음악
을 듣거나 따뜻한 차를 마시고 싶다. '불안은 나쁜 감정이 아니야.
어떤 욕구가 충족되지 않아서 느끼는 건지 찾아보자'라고 말한 뒤
욕구를 찾고 싶다. 명상이나 산책을 하고 싶다.

5. 만약 진심으로 하고 싶은 말과 행동을 하지 못했다면
   이유는 무엇인가요?

불안이 습관화되어서 진심으로 하고 싶은 말과 행동이 있다는
사실을 인지하지 못했다. 게으름과 나태함 때문에 못했다. 불안에
사로잡혀서 아무것도 할 수 없었다.

6. 이 감정을 느낄 때 하고 싶은 말과 행동, 그것을 하기 위한
   액션플랜 3가지를 작성하세요.
   ① 추측이 아닌 현실 직시하기 – 명상하기 – 음악듣기
   ② 일단 일어나서 무엇이든 생각한 것을 바로 실천한다. – 실수
      해서 누군가 비난하고 비웃더라도 상심할 필요 없다고 스스
      로에게 이야기한다. – 플랜을 만들어서 습관이 될 때까지 구
      체적으로 실천한다.
   ③ 강의 준비 열심히 하기 – 긍정적인 사고를 할 수 있는 문구와
      책 읽기 – 약을 복용하기 전 심호흡 열 번 이상 하기

7. 오늘 하루, 나의 핵심 감정은 무엇인가요?
   기쁨, 반가움.
   집에 들어서는데 강아지가 나를 어찌나 쫓아다니며 반기는지

기뻤고, 친구가 생각지 않은 택배와 편지를 보내줘서 반갑고 고마웠다.

8. 오늘의 감사(감사합니다, 미안합니다, 용서합니다)

피곤해서 꼼짝하기 힘들었는데 남편이 설거지를 해줘서 감사합니다. 지난 주 회의 때 나와 다른 의견을 제시하고 자신의 의견을 강하게 피력한 동료에게 반감을 느꼈는데, 오늘 회의에서는 내 의견에 동의하며 추천해준 동료에게 지닌 반감과 선입견에 미안한 마음이 들었습니다. 설거지를 마치고 세탁물을 개던 남편이 '나 같은 남편이 어디 있냐'며 의기양양하다 다른 사람을 무시하는 발언을 했지만 용서합니다.

용서에 관한 단상 ①

많은 분들이 감정 일기에서 '용서'를 쓰기 힘들어 합니다. 용서를 화해와 착각하기 때문이지요. 용서는 화해가 아닙니다. 억지로 용서할 필요는 더더욱 없습니다. 나 자신을 위해, 오직 나 혼자서 하는 것이 용서입니다. 용서하면 상대방이 아닌 내가 평안을 누릴 수 있습니다. 그래서 먼저 일상의 소소한 것부터 수용하고 용서하는 습관을 들이기 위해 용서를 작성합니다.
작은 용서를 시작하면 불가능할 것 같은 용서도 가능한 날을 맞이할 수 있습니다. 항상 기억하세요. 용서는 상대방이 아닌 나 자신을 위한 것입니다. 내 마음 편하고 두 다리 뻗고 자기 위해서 하는 것, 진정으로 나 편하자고 하는 것이 용서입니다.

월   일   요일 | 불안 감정 일기

1. 나는 주로 언제 이러한 감정을 느끼나요?

2. 나는 오늘 이 감정을 느꼈나요? 느꼈다면 언제, 어떤 상황에서 느꼈나요?

3. 나는 이 감정을 느낄 때 주로 어떻게 반응하나요?

4. 오늘 혹은 과거에 이 감정을 느꼈을 때 진심으로 하고 싶은
   말과 행동은 무엇인가요?

5. 만약 진심으로 하고 싶은 말과 행동을 하지 못했다면 이유는 무엇인가요?

6. 이 감정을 느낄 때 하고 싶은 말과 행동, 그것을 하기 위한
   액션플랜 3가지를 작성하세요.

7. 오늘 하루, 나의 핵심 감정은 무엇인가요?

8. 오늘의 감사(감사합니다, 미안합니다, 용서합니다)

12. 소심함

오늘의 감정은 소심함입니다. 2주차 〈부끄러움〉 감정에서 성인이 되면 '부끄러움'을 대부분 '소심함'이라는 단어로 대체한다고 말씀드렸지요. 부끄러움은 순간의 감정에 가깝고, 소심함은 부끄러움이 내재된 좀 더 지속력이 긴 마음의 상태이자 습관을 의미합니다. 그래서 대체적으로 어린 시절에는 부끄러움을 많이 느끼고, 부끄러움이 누적된 성인이 되면 소심함을 느끼게 됩니다.

저는 어린 시절 굉장히 소심했지만, 소심함이 패턴이 되었다는 사실을 인식한 뒤 소심함을 깨뜨리기 위한 시도와 노력을 많이 했습니다. 그래서 이제는 진정으로 원하는 것에는 놀랄만한 대범함을 발휘합니다.

원래 소심하게 태어났는지 대범하게 태어났는지, 그 '원래'는 신 외에 아무도 알 수 없습니다. 그러니 자기 자신에 대해 스스로 판단하고 한계를 짓지 않았으면 합니다. '원래'는 스스로 규정짓지 않는 한 '원래' 없습니다. 소심함은 부정적인 감정이 아니니 왜 나는 소심함을 느끼고 익숙해졌는지 일기를 쓰면서 곰곰이 생각하고 질문해 보세요. 스스로 질문할 때 자신만의 방향과 해답을 찾을 수 있습니다.

적극적이고 대범한 사람이 눈에 띄고 주목받기 쉽습니다. 하지만 보이지 않게 세상을 이끌어가는 사람은 소심하고 섬세한 사람들입니다. 그만큼 자신과 타인, 세상에 대한 촘촘하고 짜임새 있는 관찰이 특기인 사람들이거든요. 순간의 반짝임이나 무모함이 아닌 조심스럽게 쌓아가고 단련하는 저와 같은 소심이들을 진심으로 응원하고 사랑합니다. 우리 내면에는 소심함과 대범함 모두 존재한다는 사실을 기억하세요.

○월 ○일 ○요일 │ 소심함 감정 일기

1. 나는 주로 언제 이러한 감정을 느끼나요?

발표할 때. 여러 사람 앞에서 이야기할 때. 사람들이 나를 쳐다볼 때. 낯선 사람들과 어울릴 때. 내 의견을 말하고 싶지만 거절당할까 봐 말하지 못할 때. 비행기 타기 전.

2. 나는 오늘 이 감정을 느꼈나요?
느꼈다면 언제, 어떤 상황에서 느꼈나요?

며칠 전 남편이 한 말이 계속 신경 쓰여서 곱씹자 소심함을 느꼈다. 오랜만에 만난 친구가 얼굴이 좋아졌다고 해서 살이 쪘나 싶은 마음에 식사를 하면서도 위축되고 소심해졌다. 아침에 지각할 뻔했는데, 지각하면 사람들이 날 어떻게 생각할까 싶어서 다른 사람들의 시선을 의식하자 소심함이 몰려왔다.

3. 나는 이 감정을 느낄 때 주로 어떻게 반응하나요?

최대한 숨거나 미루려 하고 다른 사람들이 대신하기를 기다린다. 말을 줄이고 주변 분위기를 살핀다. 소심함을 숨기고자 대범한 척하지만 대부분 이내 멋쩍어서 우울해진다. 소심함을 느낀 부분에 대해 계속 곱씹는다.

**4. 오늘 혹은 과거에 이 감정을 느꼈을 때 진심으로 하고 싶은
말과 행동은 무엇인가요?**

소심함은 내 탓이 아니라고 말하고 싶다. 다른 사람들은 생각만
큼 나에게 관심이 없으니 안심하자. 내 생각만으로 땅굴 파고 들
어가지 말자고 말하고 나에게 도움이 되는 행동을 하고 싶다. '있
는 그대로의 나를 보여줘도 괜찮아'하며 편안하게 그 자리를 즐기
고 싶다. 좀 더 용기 내서 앞으로 나와서 이야기하고 싶다.

**5. 만약 진심으로 하고 싶은 말과 행동을 하지 못했다면 이유는 무엇인
가요?**

나 자신에 대한 믿음과 확신이 부족해서. 사람들 앞에서 실수할
까 봐. 다른 사람들에게 조롱을 받거나 비웃음 받을까 봐. 익숙해
져서 자동적으로 나오는 부정적인 반응 때문에.

**6. 이 감정을 느낄 때 하고 싶은 말과 행동, 그것을 하기 위한 액션플랜
3가지를 작성하세요.**

① 산책, 운동, 심호흡과 같이 주위를 돌릴 수 있는 다른 활동을
한다. – 내 생각에 대한 사실적인 반대 근거를 찾는다. – 사실
에 입각해 내 생각의 오류를 수정한다.

② 무조건 두려워하지 않는다. – 나 자신의 감정과 욕구를 먼저
살핀다. – 나를 탓하지 않고 욕구를 공감한다.

③ 만남 자체를 즐기기 – 편안한 마음 갖기 – 자신감 갖기

④ 반복적으로 연습하기 – 관련 내용 공부하기 – "나는 할 수 있
다" 외치기

7. 오늘 하루, 나의 핵심 감정은 무엇인가요?

불안, 무기력.

어젯밤 잠을 설쳤더니 입맛이 뚝 떨어지고 기운이 하나도 없었다. 그래서인지 하루 종일 우울하고 쓸데없는 걱정만 가득했고 점심시간을 이용한 산책도 하지 않았다.

8. 오늘의 감사(감사합니다. 미안합니다. 용서합니다)

집 근처에 맨발 걷기 길이 조성되어서 언제든 마음만 먹으면 맨발 걷기를 할 수 있게 되어서 감사합니다. 술 마시고 늦게 들어온 남편에게 짜증을 내서 미안합니다. 나 자신을 사랑할 줄 모른 채 외면하고 미워한 나를 용서합니다.

용서에 관한 단상 ②

과거의 저는 완벽하고 정제된 모습만 보이기 위해 안간힘을 썼습니다. 머리끝부터 발끝까지 마음에 들어야 밖으로 나갈 수 있었습니다. 그런데 그동안 애쓰고 살았던 제 모습이 결국은 인정과 관심, 사랑을 갈구하느라 그랬다는 것을 깨달았습니다. 그 후, 있는 그대로의 제 모습을 사랑하기로 결심했습니다. 저를 위해 사랑과 노력을 기울이기로 했습니다.

왜 그렇게 저 자신을 미워하고 부끄러워했는지, 저를 정말 많이 용서하고 또 용서했습니다. 지금도 평생 가장 큰 용서가 필요한 사람은 '나'라는 사실을 늘 기억합니다. 저는 저를 용서하고 받아들이면서 내면에 진정한 자유와 사랑이 싹트기 시작했습니다. 저를 진심으로 용서하면서 깨달았습니다. 용서는 바로 나 자신을 위한 것이라는 사실을요. 제가 누린 자유를 보다 많은 사람들이 누리기를 간절히 바라며 오늘도 저는 저를 용서합니다.

월   일   요일 | 소심함 감정 일기

1. 나는 주로 언제 이러한 감정을 느끼나요?

2. 나는 오늘 이 감정을 느꼈나요? 느꼈다면 언제, 어떤 상황에서 느꼈나요?

3. 나는 이 감정을 느낄 때 주로 어떻게 반응하나요?

4. 오늘 혹은 과거에 이 감정을 느꼈을 때 진심으로 하고 싶은
   말과 행동은 무엇인가요?

5. 만약 진심으로 하고 싶은 말과 행동을 하지 못했다면 이유는 무엇인가요?

6. 이 감정을 느낄 때 하고 싶은 말과 행동, 그것을 하기 위한
   액션플랜 3가지를 작성하세요.

7. 오늘 하루, 나의 핵심 감정은 무엇인가요?

8. 오늘의 감사(감사합니다, 미안합니다, 용서합니다)

13. 당황

오늘의 감정은 당황입니다. 당황이라는 단어만 들어도 당황스럽지 않으신가요? 예상치 못한 여러 감정이 동시다발적으로 느껴지고 복잡다단하게 얽혀있는 감정의 총체가 말 그대로 당황입니다. 당황, 놀람, 긴장, 조바심이 주로 함께 다니는 친구라 할 수 있지요.

당황스러움은 예상과 전혀 다른 일이 생기거나 예측할 수 없는 일이 일어났을 때 주로 느끼지만, 의외로 일상에서도 많이 느낄 수 있습니다. 실수할 때, 놀라운 일이 생겼을 때, 무섭거나 불안하고 우울할 때, 혹은 큰 기쁨과 행복을 느낄 때 역시 마찬가지입니다.

당황한 순간에는 상황 파악이 힘들어서 후회와 자책을 할 수도 있습니다. 하지만 얽혀있는 여러 감정 사이에서 능숙하게 대처할 수 있는 사람은 그리 많지 않습니다. 자신을 탓하기 전에 객관적이고 정확한 사실을 볼 필요가 있습니다. 이때 봐야 할 것은 '감정'이 아닌 '사실'입니다.

어떤 감정을 마주해도 수용할 수 있는 하루하루가 되기를 바랍니다. 내 감정의 주인이자 가장 좋은 친구는 바로 나 자신입니다. 좋은 친구는 어떤 감정을 느끼든 있는 그대로 받아들이고 지지해 줄 수 있습니다.

예시   다른 사람들은 어떻게 썼을까?

○월 ○일 ○요일 │ 당황 감정 일기

1. 나는 주로 언제 이러한 감정을 느끼나요?

예상치 못한 질문을 받았을 때. 마주치고 싶지 않은 사람을 마주쳤을 때. 갑자기 손님이 찾아왔을 때. 외출해야 하는데 스마트폰이 보이지 않을 때. 생각지 못한 곳에서 잃어버렸던 물건을 찾거나 갑자기 발견했을 때. 평소에 친하다고 생각하지 않았던 사람이 친근하게 대할 때.

2. 나는 오늘 이 감정을 느꼈나요?
느꼈다면 언제, 어떤 상황에서 느꼈나요?

강의실 바닥에 커피를 쏟았는데 닦을 휴지가 없어서 당황했고, 화장실에서 휴지를 갖고 와서 바닥을 닦다가 뒷사람과 부딪쳐서 또 한 번 당황했다.

3. 나는 이 감정을 느낄 때 주로 어떻게 반응하나요?

표정을 최대한 감추고 애써 태연한 척한다. 급해지고 마음이 움츠러들거나 화가 난다. 말하면 변명하는 것 같아서 체념하고 말을 안 한다. 해결책을 찾을 때까지 계속 생각한다. 모르는 척, 아닌 척, 괜찮은 척한다.

4. 오늘 혹은 과거에 이 감정을 느꼈을 때 진심으로 하고 싶은
말과 행동은 무엇인가요?

예상대로 흘러가지 않는 것이 인생이라는 사실을 마음 깊이 받아들인다. 어찌할 수 없는 과거에 집착하지 않고 변화시킬 수 있는 미래에 집중하고 싶다. '괜찮아, 다시 한번 해보자'고 말하고 스스로를 다독인다. 어떤 척도 하지 않고 당황하면 당황하는 모습 그대로 드러내고 싶다.

5. 만약 진심으로 하고 싶은 말과 행동을 하지 못했다면
   이유는 무엇인가요?

   더 이상 신경 쓰고 싶지 않고 그 상황에서 빨리 벗어나고 싶어
서. 다른 사람을 의심하게 될까 봐. 이성적으로는 알지만 감정에
사로잡혀서 어떻게 해야 할지 아무런 생각이 나지 않아서. 순간
머리가 하얘져서. 나를 이상한 사람으로 생각할 것 같아서.

6. 이 감정을 느낄 때 하고 싶은 말과 행동, 그것을 하기 위한
   액션플랜 3가지를 작성하세요.

   ① 다른 해결 방안이 있는지 찾아본다. – 오히려 잘 된 일일 수
     있다고 긍정적으로 생각한다. – 스스로 나를 안아주고 괜찮
     다고 다독여준다.
   ② 한 번 더 확인하고 챙겨본다. – 잘못된 부분이 있으면 적극적
     으로 의견을 제시한다. – 해명이 필요하면 해명한다.
   ③ 자신감을 갖는다. – 급할수록 천천히 행동한다. – 당황스러움
     이 다른 감정(화, 짜증, 서운함)으로 넘어가지 않도록 스스로
     를 위로한다.

7. 오늘 하루, 나의 핵심 감정은 무엇인가요?

   개운함, 만족.

   어제 푹 쉬고 나니 몸과 마음이 가볍고 활력이 넘쳤다. 피곤과
졸음 없이 온전하게 맑은 정신으로 보낸 하루라서 만족스러웠다.

8. 오늘의 감사(감사합니다, 미안합니다, 용서합니다)

하고 싶은 것을 배우고 익힐 수 있는 건강과 마음, 시간과 경제적 여유가 있어서 감사합니다. 내 이야기에 전혀 공감을 하지 못하는 남자 친구에게 순간 화가 나서 말을 다 마치지 않은 상태로 전화를 끊어서 미안합니다. 실수인지 고의인지 의도는 알 수 없지만 나를 당황스럽게 한 동기를 용서합니다.

월   일   요일 | 당황 감정 일기

1. 나는 주로 언제 이러한 감정을 느끼나요?

2. 나는 오늘 이 감정을 느꼈나요? 느꼈다면 언제, 어떤 상황에서 느꼈나요?

3. 나는 이 감정을 느낄 때 주로 어떻게 반응하나요?

4. 오늘 혹은 과거에 이 감정을 느꼈을 때 진심으로 하고 싶은
   말과 행동은 무엇인가요?

5. 만약 진심으로 하고 싶은 말과 행동을 하지 못했다면 이유는 무엇인가요?

6. 이 감정을 느낄 때 하고 싶은 말과 행동, 그것을 하기 위한
   액션플랜 3가지를 작성하세요.

7. 오늘 하루, 나의 핵심 감정은 무엇인가요?

8. 오늘의 감사(감사합니다, 미안합니다, 용서합니다)

14. 두려움

오늘의 감정은 두려움입니다. 모든 사람을 힘들게 하는, 그래서 빨리 행동하고 변화하게 만드는 대표적인 감정으로 화, 불안, 두려움을 꼽을 수 있습니다. 그중에서도 두려움은 파괴력이 가장 강하고 그 자체로 강력한 권력입니다.

두려움을 느끼는 순간 평소에 느끼던 소소하고 아름다운, 활기찬 감정은 빛을 잃습니다. 작은 두려움을 살짝 굴리면 순식간에 공포라는 이름으로 세력을 확장합니다. 사랑, 기쁨, 감사, 환희, 감동, 감탄, 즐거움, 만족, 친근함, 정겨움, 충만함과 여유로운 감정은 공포에 잠식됩니다. 두려움은 생각과 감정, 신체의 모든 기능을 마비시키고 무력화한 후 통제력을 빼앗습니다. 두려움에 굴복하게 만드는 것이 두려움의 목적입니다. 그래서 우리는 두려움을 느끼면 벗어나고자 발버둥 칩니다. 두려움의 강도가 매우 강할 때는 쏟아지는 두려움의 산사태에 파묻혀 아무것도 하지 못하기도 합니다.

하지만 두려움은 결국에는 우리를 움직여서 변화를 일으키는 초월적인 장점을 지니고 있습니다. 장점을 장점으로 만들기 위해서는 무엇보다 변화의 방향 설정이 중요합니다. 익숙한 패턴을 따르면 두려움의 산사태에 고립될 가능성이 많아집니다. 반면 낯설어서 저항값이 큰 새로움을 따를 때, 저항과 비교할 수 없는 장점으로 승화시킬 수 있습니다.

두려움은 결코 피하거나 극복할 대상이 아닙니다. 무엇에 결핍을 느끼는지 자신을 좀 더 알아보고 집중하라는 신호입니다. 지금이야말로 나를 깊이, 자세히 마주할 시간이라는 신호등에 빨간불이 켜진 것뿐입니다. 빨간불이 들어오고 나면 파란불이 켜진다는 사실을 기억하세요. 다양한 감정이 오고 가는 것은 마음 신호등이 정상적으로 작동하고 있다는 뜻입니다.

어떻게 하면 두려움을 원하는 대로 다룰 수 있을까요? 자신에 대한 믿음을 회복할 때, 두려움이라는 문제보다 나를 신뢰할 때 장점으로 승화시킬 수 있습니다. 그런데 불안과 집착을 떨쳐내지 못하는 부족하고 초라한 내 모습에 한숨부터 나오시나요?

나를 믿기 위해서는 먼저 자신에 대한 사랑을 회복해야 하는데, 불신하던 사람을 갑자기 믿고 사랑할 수 있을까요? 오랜 불신을 깨뜨리고 사랑을 회복하기 위해서는 내가 어떤 사람인지 알아야 합니다.

우리는 알지 못하는 것에 대해서는 일단 저항하고 의심합니다. 불안과 두려움은 나를 보호하기 위한 매우 중요한 역할을 담당합니다. 결코 쓸모없거나 불필요한 감정이 아닙니다. 단지, 그 감정 자체에 사로잡힐 때 보호를 위한 순기능이 멈추고 역기능이 발휘됩니다. 자신을 의심하고 부정하며 저항합니다. 어느덧 보호에서 파괴로 접어들어도 인식하지 못합니다.

두려움이 정상적인 기능을 회복하기 위해서 가장 필요한 것은 자신을 알고, 사랑하고, 믿는 것입니다. 믿음은 아는 것에서 출발합니다. 자신을 진심으로 사랑할 때 가장 강력하고 파괴적인 감정을 온전히 다스릴 수 있습니다.

두려움에 몰입한다는 것은 나에게 유익한 다른 것에 몰입할 수 있다는 증거입니다. 언제, 어떤 상황에서도 우리는 모든 것을 선택하고 책임질 수 있습니다. 스스로 선택하고 책임지는 삶을 살 때 두려움은 본연의 순기능을 되찾을 수 있습니다. 그 열쇠는 항상 나에게 있음을 기억하세요.

○월 ○일 ○요일 │ 두려움 감정 일기

1. 나는 주로 언제 이러한 감정을 느끼나요?

자기 전 잠을 자지 못할까 봐. 혼자라고 느껴질 때. 내가 하는 일에 대해 확신이 없을 때. 갑자기 천둥 번개가 칠 때. 혼자 밤길을 지날 때. 입마개를 하지 않은 커다란 개를 만났을 때. 내 예상과 다른 방향으로 일이 전개될 때. 몸이 많이 아플 때. 맡은 일을 제대로 하지 못해서 안 좋은 결과가 뻔히 예상될 때.

2. 나는 오늘 이 감정을 느꼈나요?
느꼈다면 언제, 어떤 상황에서 느꼈나요?

갱년기로 식은땀이 범벅이 된 채 새벽에 몇 번이나 깨서 뒤척이고 잠을 자지 못하자 혹시 다른 병에 걸린 것은 아닌가 싶어서 두렵고 걱정이 됐다. 비가 오고 바람이 많이 불어서 운동을 하지 못했다. 단지 하루 운동을 하지 않은 것뿐인데 마음이 불편하고 살짝 두려움도 느꼈다.

3. 나는 이 감정을 느낄 때 주로 어떻게 반응하나요?

유튜브를 틀어 놓거나 인터넷 검색을 한다. 재미있는 영화를 본다. 믿을 만한 사람에게 내 두려움에 대해 털어놓고 이야기한다. 사람이 많은 장소로 간다. 주변을 경계하며 사람과 사물을 관찰한다. 친구들에게 전화하거나 나와 비슷한 과정을 겪고 있는 사람들의 글을 찾아서 읽는다.

4. 오늘 혹은 과거에 이 감정을 느꼈을 때 진심으로 하고 싶은 말과 행동은 무엇인가요?

'괜찮아, 오늘 하루도 무사히 지나갈 거야'라고 이야기하고 싶다. 나를 헤치지 못하니 걱정하지 말라고 이야기한다. 안심해도 괜찮다고 이야기한 뒤 심호흡을 여러 번 하고 싶다. 두려움을 외면하거나 회피하지 않고 두려워하는 이유를 직면한다.

5. 만약 진심으로 하고 싶은 말과 행동을 하지 못했다면 이유는 무엇인가요?

두려움에 압도당해서. 두려움이 나를 집어삼키는 것 같은 느낌에 최대한 빨리 피하고 외면하고 싶었다. 내가 나를 통제할 수 없는 느낌이 무섭고 무기력하고 화가 났다. 내 두려움을 가족이나 가까운 사람들이 알아차릴까 봐 걱정이 됐다.

6. 이 감정을 느낄 때 하고 싶은 말과 행동, 그것을 하기 위한 액션플랜 3가지를 작성하세요.

① 오늘 하루만 버티면 된다고 생각하기 – 사실에 입각한 객관적이고 긍정적인 사고하기 – 침착하게 심호흡하기
② 두려움을 알아차리고 관찰하기 – 크게 심호흡하기 – 두려움 뒤에 숨은 욕구를 파악하기
③ 두려운 순간 역시 지나간다고 이야기하기 – 마음이 편안해지는 음악 듣기 – 따뜻한 허브 차 마시기

④두려움이라는 감정을 인식하고 "나는 지금 두려움을 느끼고 있구나" 소리 내어 말하기 – 무엇이 두려운지 이유 작성하기 – 두려움의 이유를 천천히 읽으며 그럴 수 있다고 소리 내어 맞장구치고 공감하기 – 두려움이 가라앉을 때까지 산책하기

7. 오늘 하루, 나의 핵심 감정은 무엇인가요?

걱정, 기대.

내년의 개인적인 계획과 업무 계획을 세우며 걱정 반, 기대 반인 날이었다.

8. 오늘의 감사(감사합니다, 미안합니다, 용서합니다)

따뜻한 겨울을 보내기 위해 몇 가지 차를 주문했는데 예정된 배송 일정보다 일찍 받게 되어서 감사합니다. 바쁘고 피곤하다는 이유로 도마뱀 사육장 청소를 계속 미루고 있어서 미안합니다. 생각대로, 계획대로 행동하지 않아서 마음에 들지 않고 미울 때도 있지만 이런 내 모습을 용서합니다.

월   일   요일 | 두려움 감정 일기

1. 나는 주로 언제 이러한 감정을 느끼나요?

2. 나는 오늘 이 감정을 느꼈나요? 느꼈다면 언제, 어떤 상황에서 느꼈나요?

3. 나는 이 감정을 느낄 때 주로 어떻게 반응하나요?

4. 오늘 혹은 과거에 이 감정을 느꼈을 때 진심으로 하고 싶은
   말과 행동은 무엇인가요?

5. 만약 진심으로 하고 싶은 말과 행동을 하지 못했다면 이유는 무엇인가요?

6. 이 감정을 느낄 때 하고 싶은 말과 행동, 그것을 하기 위한
   액션플랜 3가지를 작성하세요.

7. 오늘 하루, 나의 핵심 감정은 무엇인가요?

8. 오늘의 감사(감사합니다, 미안합니다, 용서합니다)

15. 반감

오늘의 감정은 반감입니다. 공부하라고 하면 하기 싫고, 밥 먹으라고 하면 먹기 싫고, 편히 쉬라고 하면 막상 쉬기 싫은 감정은 사춘기에만 느끼는 감정은 아닙니다. 반감 때문에 한껏 반항하는 모습은 사춘기를 상징하지만, 반감은 세대를 불문해 삶에 깊이 자리한 감정입니다.

반감을 말과 행동으로 표현할 때는 '원하는 욕구를 충족하고 싶으니, 내 감정과 현 상태를 알아달라'는 의미입니다. 그러나 반감을 표현해도 원하는 것을 얻을 수 없다는 생각 때문에 이 감정을 억압하고 무시하거나 일순간에 터뜨리기도 합니다. 지난 경험과 나만의 지식에 갇혀서 자포자기할 필요는 없습니다. 내 생각과 경험대로 움직이는 세상인가요? 어떤 순간, 무엇에, 어떻게, 왜 반감을 느끼는지, 반감을 느낄 때 몸에서는 어떤 반응이 일어나는지 살펴보세요.

그동안 나는 반감을 어떻게 표현했을까요? 회피, 외면, 공격 중 주로 어떻게 반응했나요? 깊고 좁게, 뾰족하게 생각할수록 반감의 굴레에서 자유로워질 수 있습니다.

예시 다른 사람들은 어떻게 썼을까?

○월 ○일 ○요일 │ 반감 감정 일기

1. 나는 주로 언제 이러한 감정을 느끼나요?

가족들이 내 의견에 반대할 때. 내 상식과 기준에 맞지 않는 행동을 하는 사람을 볼 때. 동료와 업무에 대한 이견으로 마찰이 생길 때. 시댁에서 반찬 갖고 가라고 할 때. 사실과 객관적인 근거에 입각해서 이야기를 했는데 상대방은 막무가내로 우길 때. 비난받을 때. 상대방이 나를 불친절하게 대할 때. 말로는 강요하지 않는다면서 눈빛과 행동으로 강요할 때. 원칙과 기준만 내세우면서 유연성 없이 자기주장만 내세우는 사람과 일할 때.

2. 나는 오늘 이 감정을 느꼈나요?
느꼈다면 언제, 어떤 상황에서 느꼈나요?

각자의 역량과 자질을 고려해서 팀 배치를 하고 업무를 할당했음에도 몇몇 팀원이 불만을 제기해서. 다이어트 중인 것을 뻔히 알고도 내가 좋아하는 디저트를 사온 남편의 모습에. 아주 친한 사이가 아니면 집에 오는 것을 달가워하지 않는데, 알게 된 지 얼마되지 않은 사람이 자꾸 집으로 놀러온다고 해서.

3. 나는 이 감정을 느낄 때 주로 어떻게 반응하나요?

반대 의견을 제시하거나 싫다고 직접적으로 말하지 않고 행동으로 감정을 드러낸다. 얼굴이 굳어지거나 한숨을 쉬고 대답을 회피한다. 당사자에게 직접 말하지 못하고 친구나 가족에게 하소연한다. 긴장하고 말다툼을 하기도 한다. 최대한 회피한다. 나만 참으면 되니 할 수 있는 한 속으로 삭인다. 일부러 비아냥거리고 예의 없이 군다.

4. 오늘 혹은 과거에 이 감정을 느꼈을 때 진심으로 하고 싶은 말과 행동은 무엇인가요?

용기 내서 업무를 거절하는 이유를 논리적으로 이야기하고 거절한다. 회피하지 않고 내 의견을 뒷받침하는 사실적인 근거를 찾아 제시한다. '반감을 느끼는 것도 순간이야. 감정은 시간이 지나면 사라지니까 과몰입하지 말자'. '남은 내가 아니야. 생각과 의견은 얼마든지 다를 수 있어. 나는 저 사람을 바꿀 수 없으니 내가 할 수 있는 것을 찾자'.

5. 만약 진심으로 하고 싶은 말과 행동을 하지 못했다면 이유는 무엇인가요?

사람들과 어색해지거나 불편한 관계가 되고 싶지 않아서. 불이익을 받고 싶지 않아서. 반대 의견을 강하게 주장하는 것에 순간적으로 화가 나서. 내가 아닌 남 탓을 하고 싶어서. 상대방과 감정의 골이 깊어질까 봐. 거절하기 힘들어서. 이야기해도 달라질 것이 없다는 생각에.

6. 이 감정을 느낄 때 하고 싶은 말과 행동, 그것을 하기 위한 액션플랜 3가지를 작성하세요.

① 다른 사람이 자신의 의견을 강하게 주장할 때 내가 불편하다는 사실을 인지한다. – 불편함과 반감이 느껴지면 최대한 공간을 분리한다. – 스마트폰 없이 혼자 걷거나 반감 뒤에 있는 욕구를 생각하고 공감한다.

② 다른 해결 방안이 있는지 찾아본다. – 산책과 취미 활동을 통해 주의를 돌린다. – 안정을 찾은 후 상대방과 다시 대화를 시도한다.

③ 내 생각에 한계가 있음을 인정한다. – 상대방 의견의 장점을 생각한다. – 부드럽게 내 의견을 전달한다.

④ 용기 내어 거절하기 – 평소에 의사 표현하기 – 침착하게 심호흡하기

7. 오늘 하루, 나의 핵심 감정은 무엇인가요?

안도감.

동네를 산책하고 감정 일기를 작성하면서 뒤늦게라도 내 감정과 욕구를 볼 수 있다는 사실에 안도감과 감사함을 느꼈다.

8. 오늘의 감사 (감사합니다, 미안합니다, 용서합니다)

사무실까지 책과 잡기를 옮겨주느라 휴가를 내고 도와준 남편에게 감사합니다. 통화하다 여러 차례 내 말을 끊은 엄마에게 버럭 화를 내서 미안합니다. 직선적이고 급한 성격으로 본의 아니게 오해를 많이 받는 엄마의 말 습관과 행동을 용서합니다.

월   일   요일 | 반감 감정 일기

1. 나는 주로 언제 이러한 감정을 느끼나요?

2. 나는 오늘 이 감정을 느꼈나요? 느꼈다면 언제, 어떤 상황에서 느꼈나요?

3. 나는 이 감정을 느낄 때 주로 어떻게 반응하나요?

4. 오늘 혹은 과거에 이 감정을 느꼈을 때 진심으로 하고 싶은
   말과 행동은 무엇인가요?

5. 만약 진심으로 하고 싶은 말과 행동을 하지 못했다면 이유는 무엇인가요?

6. 이 감정을 느낄 때 하고 싶은 말과 행동, 그것을 하기 위한
   액션플랜 3가지를 작성하세요.

7. 오늘 하루, 나의 핵심 감정은 무엇인가요?

8. 오늘의 감사(감사합니다, 미안합니다, 용서합니다)

자신의 욕구를

인지하고 인정하는 것보다

더 큰 공감은 없습니다.

✳ 일주일 간 가장 많이 느낀 감정은 무엇인가요?

예시 다른 사람들은 어떻게 썼을까?

✳ 일주일 간 가장 많이 느낀 감정은 무엇인가요?

희망, 기대.

이사 간 친구네 집들이에 가서 오랜만에 친구네 가족과 즐거운 시간을 보냈다. 나도 이사를 앞두고 이것저것 신경 쓰이는 것이 많고 새롭게 적응할 생각에 부담스러웠는데, 먼저 이사한 친구가 잘 지내는 것을 보니 나도 잘할 수 있을 것 같은 희망과 기대를 지닐 수 있었다. 모든 건 내 마음먹기 나름이라는 생각이 들었다. 새로운 곳에서 새로운 사람들과 새로운 마음으로 활기차게 지낼 생각을 하니 마음이 편안하다.

4주차

16. 외로움

오늘의 감정은 외로움입니다. 외로움은 행동을 유발하는 감정의 하나로 속도는 느린 편이지만 심도 있고 울림 있는 감정입니다. 화, 놀람, 분노처럼 즉각적이고 빠른 행동을 유발하는 감정과 비교해 보면 이해할 수 있습니다.

인지하지 못한 채 서서히 스며들어 외로움이 깊어지는 경우도 있고, 외로움을 느낀다는 걸 알고는 있지만 어떻게 다루고 해결해야 할지 몰라서 감정을 방치한 채 오랜 기간 묵혀 둘 수도 있습니다. 가끔은 특정 상황에서만 느끼는 외로움도 있습니다.

우리는 인간이기에 태어난 순간부터 죽을 때까지 느끼는 본연의 외로움을 갖고 있습니다. 숙명 같은 감정이지만 어떻게 다루어야 하는지 알지 못해서 공허함과 절망감을 느끼기도 합니다. 외롭지 않다고 생각하는 사람도 내면에는 깊은 외로움이 존재합니다. 외로움에서 100퍼센트 자유로운 사람은 없습니다.

외로움만큼 나 자신을 면면히 바라보고 마주하게 하는 감정이 있을까요? 외롭기 때문에 나를 만날 용기를 낼 수 있습니다. 외로움 속에 나를 마주할 때 외로움의 진가가 드러납니다. 정말 중요한 것을 이루게 하는 원동력은 외로움입니다. 그러니 외로움을 해소하기 위해 의지할 대상을 찾기 보다, 나와의 만남이 이루어지는 시간으로 삼으면 좋겠습니다.

온오프라인의 과도한 연결과 시시각각 넘쳐나는 정보가 오히려 더 큰 고립과 외로움을 불러 일으킵니다. 외로움에 숨어있는 욕구를 파악하고 적극적으로 욕구를 충족하기 위한 다양한 방법을 찾을 때 홀로 설 수 있습니다. 홀로 선 사람, 그래서 혼자서 잘 지내고 자신과 좋은 관계를 맺는 사람이 다른 사람과도 좋은 관계를 맺을 수 있습니다. 모든 인간관계의 뿌리는 나 자신과의 관계에 달려 있습니다.

○월 ○일 ○요일 | 외로움 감정 일기

1. 나는 주로 언제 이러한 감정을 느끼나요?

내 마음을 터놓고 이야기할 사람이 없다고 느낄 때. 상대방이 내 말에 공감하지 않을 때. 집에 혼자 있을 때. 사람들이 하는 이야기에 참여하지 못할 때. 식당에서 혼자 밥을 먹을 때. 가고 싶은 곳이 생겼는데 같이 갈 사람이 없을 때. 내 편으로 믿고 의지했던 사람이 내 생각과 다른 행동을 했을 때. 가족이 내 마음 같지 않을 때.

2. 나는 오늘 이 감정을 느꼈나요?
느꼈다면 언제, 어떤 상황에서 느꼈나요?

아이들이 나간 뒤 적막이 흐르는 집에서 혼자 있는데 딱히 할 게 없어서. 밤에 잠을 못 자서 종일 침대에 누워있는데 아무도 내 상황을 이해하지 못하는 것 같아서. 친구들과 이야기하던 중 나만 모르는 이야기를 하며 한참 웃고 떠드는데 외로웠다.

3. 나는 이 감정을 느낄 때 주로 어떻게 반응하나요?

위축되고 사람들과 소통을 멈춘다. 의기소침해져서 소극적으로 행동한다. 말을 하지 않고 입을 다문다. 책을 읽거나 음악을 들으면서 혼자 보낸다. 핸드폰을 보거나 티비, 유튜브를 본다.

4. 오늘 혹은 과거에 이 감정을 느꼈을 때 진심으로 하고 싶은
말과 행동은 무엇인가요?

외롭다고 주위 사람들에게 이야기하고 도움을 청하고 싶다. 내 이야기에 귀를 기울여달라고 말하고 싶다. '괜찮아, 내가 예민하게 생각하는 거야. 사람은 누구나 외로움을 느껴'. 혼자라고 식사를 거르지 않고 이어폰을 꼽고 유튜브를 보면서 식사한다. 위안이 되는 책과 음악을 듣고 명상을 한다.

5. 만약 진심으로 하고 싶은 말과 행동을 하지 못했다면 이유는 무엇인가요?

나 자신이 정말로 별로인 것처럼 느껴질까 봐. 사람들이 나를 싫어하고 떠날까 봐. 내가 보잘것없이 느껴져서 심적으로 너무 힘들어서. 나부터 먼저 사랑하고 정직하게 대하지 않아서.용기가 없어서. 나약해진 내 모습을 보이기 싫어서.

6. 이 감정을 느낄 때 하고 싶은 말과 행동, 그것을 하기 위한 액션플랜 3가지를 작성하세요.

① 주위에 도움 청하기 – 의사 표현을 명확히 하기 – 혼자서 즐길 수 있는 취미 활동하기

② 나를 우선순위에 두기 – 나를 위로하고 공감하기 – 여행하기

③ '누구나 혼자야. 혼자라도 괜찮아'라고 말하기 – 집안 청소, 화초 가꾸기 등 바로 할 수 있는 소소한 활동하기 – 좋아하는 책을 읽거나 산책하기

7. 오늘 하루, 나의 핵심 감정은 무엇인가요?

피곤함, 즐거움.

새로 등록한 운동 센터에서 운동을 열심히 하고 왔더니 오후부터 피곤하고 노곤했다. 그럼에도 내가 만든 파스타가 먹고 싶다는 남편의 말에 파스타를 만들어 넷플릭스 코미디를 보며 함께 먹다 웃다를 반복하며 즐거운 시간을 보냈다.

8. 오늘의 감사(감사합니다, 미안합니다, 용서합니다, 사랑합니다)

원하는 만큼은 아니지만 점점 더 체력이 좋아져서 감사합니다. 나를 돌보고 사랑하는 것이 무엇인지 몰라서 새로운 경험은 무조건 피하고 외면한 나에게 미안합니다. 원치 않는 충고로 내 마음을 심란하게 한 친구를 용서합니다. 매일 아침 세 가지 목표를 작성한 뒤 목표를 달성하기 위해 노력하는 나를 사랑합니다.

월   일   요일 | 외로움 감정 일기

1. 나는 주로 언제 이러한 감정을 느끼나요?

2. 나는 오늘 이 감정을 느꼈나요? 느꼈다면 언제, 어떤 상황에서 느꼈나요?

3. 나는 이 감정을 느낄 때 주로 어떻게 반응하나요?

4. 오늘 혹은 과거에 이 감정을 느꼈을 때 진심으로 하고 싶은
   말과 행동은 무엇인가요?

5. 만약 진심으로 하고 싶은 말과 행동을 하지 못했다면 이유는 무엇인가요?

6. 이 감정을 느낄 때 하고 싶은 말과 행동, 그것을 하기 위한
   액션플랜 3가지를 작성하세요.

7. 오늘 하루, 나의 핵심 감정은 무엇인가요?

8. **오늘의 감사**(감사합니다, 미안합니다, 용서합니다, 사랑합니다)

17. 우울함

오늘의 감정은 우울함입니다. 이별과 상실 같은 원치 않는 크고 작은 변화가 있을 때 주로 우울함을 느끼게 됩니다. 하지만 변화에 우울함만 동반하는 것은 아니지요. 이별 뒤에 만남이, 상실 뒤에 채움이 따를 수 있고 그로 인해 기쁨, 행복, 감사, 즐거움, 만족을 느낄 수 있습니다. 감정은 이처럼 여러 개의 작은 구슬로 연결된 하나의 목걸이와 같습니다. 목걸이에 더 중요하고 덜 중요한 구슬이 있을까요? 모든 구슬이 하나로 연결되어 제 역할을 할 때 아름다운 목걸이로 빛을 발하는 것처럼 모든 감정은 그 자체로 소중하고 가치가 있습니다.

우울함을 떠올리면 우울증이 바로 연상될 만큼 부정적인 느낌이 강합니다. 과연 우울함은 부정적인 감정일까요? 그렇지 않습니다. 우울함을 느낀다는 것은 몸과 마음이 지치고 힘들어서 무기력해질 만큼 열심을 다했다는 증거, 열심이 과한 나머지 지쳐서 꼼짝 하지 못할 정도로 노력했다는 의미입니다.

'더 이상 견디지 못하겠어. 너무 애쓰고 수고해서 힘드니 내 마음과 몸을 제발 돌보고 쉬게 해 줘' 하며 빨간 신호등이 켜진 것뿐입니다. 하지만 빨간 신호등이 켜지기 전에 미리 몸과 마음을 돌보면 좋지 않을까요? 우울함에 굴복하지 않고, 우울한 가운데 할 수 있는 것을 찾아서 선택할 때 감정의 주인으로 설 수 있습니다.

우울할 때 무엇을 선택할 수 있을까요? 세수하기, 양치하기, 전등 켜기, 물 마시기, 거울 보고 웃기, 식사하기, 심호흡 하기, 산책하기, 박수 치기…. 사소하고 간단하지만 할 수 있는 것은 분명히 있습니다. 아무것도 선택할 수 없는 순간은 없습니다. 단지 선택하지 않는 사람이 있을 뿐입니다. 환경을 핑계 삼아 우울함으로 자신을 몰아가는 것이야 말로 가장 위험하다는 사실을 기억하세요.

○월 ○일 ○요일 │ 우울함 감정 일기

1. 나는 주로 언제 이러한 감정을 느끼나요?

집에 혼자 있을 때. 일에 지쳐서 힘들 때. 생리하기 전에. 다른 사람과 갈등과 다툼이 있을 때. 몸의 에너지가 모두 고갈됐을 때. 다른 사람과 나를 비교할 때. 내가 좋아하고 의지하는 사람이 나를 안 좋게 볼 때. 아픈데 아무도 나를 돌봐 주지 않을 때.

2. 나는 오늘 이 감정을 느꼈나요?
느꼈다면 언제, 어떤 상황에서 느꼈나요?

감기 기운이 있어서 졸리고 피곤한데 해야 할 일이 산더미라서 우울했다. 혼자 집에 있는 시간이 많아지면서 낮에 문득 우울함이 몰려왔다. 아침에 눈을 뜨는데 오늘도 또 비슷한 하루가 시작된다는 사실에 지겨움과 함께 우울함을 느꼈다.

3. 나는 이 감정을 느낄 때 주로 어떻게 반응하나요?

요가, 스트레칭, 산책 등 최대한 몸을 움직이려고 노력한다. 인스타그램이나 유튜브의 재미있는 영상을 보면서 잊으려고 한다. 우울함을 잊기 위해 의미 없는 인터넷 검색과 인터넷 쇼핑을 한다. 식사를 거른다. 소파에 기대거나 침대에 누워 있는다. 운다. 말이 없어지고 소극적이 된다. 잠을 잔다.

**4. 오늘 혹은 과거에 이 감정을 느꼈을 때 진심으로 하고 싶은
말과 행동은 무엇인가요?**

우울하다고 주위 사람들에게 이야기하고 도움을 요청한다. '누구나 우울할 수 있어. 지금은 우울하지만, 이 감정 역시 지나가는 감정이야'라고 말하고 가볍게 집중할 수 있는 일을 찾아서 한다. 우울한 이유에 지나치게 집중할 필요가 없다고 말하고 싶다. 너무 좋은 사람이 되기 위해 애쓰지 말고 지금도 충분히 괜찮은 사람이라고 소리 내어 말하며 나를 다독이고 싶다.

**5. 만약 진심으로 하고 싶은 말과 행동을 하지 못했다면
이유는 무엇인가요?**

내가 나를 미워했기 때문에. 나를 어떻게 사랑하고 아껴야 하는지 몰랐기 때문에 끊임없이 다른 사람들과 나를 비교했다. 나 스스로가 아닌 남이 나에게 다정하고 친절하기를 기다렸기 때문에. 무언가를 도전하고 시도할 힘이 나지 않아서. 우울함이라는 감정에 파묻혀 버려서. 용기가 없어서. 나약해진 내 모습을 마주하기 싫어서.

**6. 이 감정을 느낄 때 하고 싶은 말과 행동, 그것을 하기 위한
액션플랜 3가지를 작성하세요.**

① 청소, 빨래, 산책 등을 하며 몸을 바쁘게 움직이기 – 우울함을 표현하고 도움을 청하기 – 컬러링북 색칠하기처럼 혼자할 수 있는 취미 생활하기

② 큰 소리 내서 웃기 – 커피 또는 차 마시기 – 재미있는 책 읽기

③ 편안한 장소에서 휴식하기 – 배드민턴과 베이킹으로 기분 전
  환하기 – 산책하기

7. 오늘 하루, 나의 핵심 감정은 무엇인가요?

즐거움, 기쁨.

점심시간에 마음이 맞는 동료와 식사를 하며 시도해 보지 않은
시즌 음료에 도전했다. 생각보다 입에 맞아서 기분이 좋았고, 내
이야기에 맞장구를 치는 유쾌한 동료와 시간을 보내서 즐거웠다.
저녁에는 서바이벌 프로그램에서 응원하는 가수가 순위권에 들어
서 뿌듯하고 기뻤다.

8. 오늘의 감사(감사합니다, 미안합니다, 용서합니다, 사랑합니다)

피곤해서 반찬을 대강 차려줬음에도 맛있게 먹는 아이들에게
감사합니다. 아이들이 부탁한 빵과 음료를 깜빡 잊고 사오지 않아
서 미안합니다. 자기가 필요한 것만 물어보고, 내 질문에는 바쁘
다며 전화를 끊은 언니를 용서합니다. 예쁜 카페와 소품점, 작은
골목과 건물, 자연과 문화재가 어우러져서 날마다 발견의 기쁨을
주는 우리 동네를 사랑합니다.

월   일   요일 │ 우울함 감정 일기

1. 나는 주로 언제 이러한 감정을 느끼나요?

2. 나는 오늘 이 감정을 느꼈나요? 느꼈다면 언제, 어떤 상황에서 느꼈나요?

3. 나는 이 감정을 느낄 때 주로 어떻게 반응하나요?

4. 오늘 혹은 과거에 이 감정을 느꼈을 때 진심으로 하고 싶은
   말과 행동은 무엇인가요?

5. 만약 진심으로 하고 싶은 말과 행동을 하지 못했다면 이유는 무엇인가요?

6. 이 감정을 느낄 때 하고 싶은 말과 행동, 그것을 하기 위한
   액션플랜 3가지를 작성하세요.

7. 오늘 하루, 나의 핵심 감정은 무엇인가요?

8. 오늘의 감사(감사합니다, 미안합니다, 용서합니다, 사랑합니다)

18. 따분함

오늘의 감정은 따분함입니다. 따분하고 지루할 틈 없이 바쁜 삶인 것 같지만 우리는 일상의 작은 따분함도 견디기 힘들어 합니다. 잠시의 따분함을 참지 못해서 시시각각 스마트 폰을 들여다보고, 입이 심심하다는 이유로 간식을 찾습니다. 혼잡한 대중교통 안에서도 따분함을 잊기 위해 손을 높이 든 채 영상을 보고 게임을 하는 모습에 익숙하시지요?

서사가 담긴 글과 내용보다 짧은 영상에 열광하는 시대입니다. 더 이상 5분, 10분의 지루함을 견딜 이유도, 견딜 필요도 없을 만큼 효율성과 즐거움은 전방위적으로 극단화되고 있습니다. 한 마디로 따분함은 악한 존재와 다름없습니다.

현대 사회의 발달이 우리를 이렇게 몰아가고 있는 것은 사실입니다. 하지만 중요한 것은 변화에 끌려가고 있음에도 우리 스스로 인식하지 못한다는 점입니다. 따분함이 반복되거나 길어지면 살짝 성질이 다른 지루함을 느끼게 됩니다. 따분함은 심심하고 재미가 없는 상태를, 지루함은 그런 따분함이 지속되어 싫증이 나는 상태를 뜻합니다. 따분함과 지루함을 있는 그대로 느끼고, 그 속에서 원하는 것이 무엇인지 마주할 시간이 필요합니다. 그래야 시대의 격랑에 휩쓸리지 않고 자신을 지키고 더 나아가서 성장할 수 있습니다.

안타깝게도 우리는 따분함과 지루함을 회피하는 방법에 익숙해져서 번번이 비슷한 방식을 되풀이합니다. 일종의 길들임이라고 할 수 있지요. 그동안 나는 어떤 방식으로 회피했을까요? 익숙함이 아닌 새로움을 선택하고 실행할 때 삶의 주인으로 살 수 있음을 기억하면서 따분함과 지루함을 다루는 새로운 방식을 선택하고 실행해 보세요.

○월 ○일 ○요일 │ **따분함 감정 일기**

1. 나는 주로 언제 이러한 감정을 느끼나요?

　하기 싫은 일을 할 때. 의욕이 없을 때. 아무것도 하지 않고 멍하니 있을 때. 장시간 대중교통을 이용할 때. 종일 집안일만 할 때. 혼자 있을 때. 매일이 똑같다는 생각이 들 때. 혼자서 밥 먹고 운동하는 걸 반복할 때. 정해진 루틴대로만 할 때. 자기 이야기만 계속하는 사람과 있을 때. 생각 없이 시키는 일을 기계적으로 해야 할 때.

2. 나는 오늘 이 감정을 느꼈나요?
　느꼈다면 언제, 어떤 상황에서 느꼈나요?

　감기에 걸려서 하루 종일 침대와 한 몸으로 누워서 아무것도 하지 못해서 따분했다. 구독하는 유튜브에서 지난 영상과 비슷한 주제와 내용이 나와서 흥미를 느끼지 못한 채 따분했다.

3. 나는 이 감정을 느낄 때 주로 어떻게 반응하나요?

　스마트폰을 보거나 눈을 감고 잠을 청한다. 재미있는 유튜브 영상을 찾아서 본다. 새로운 것을 이것저것 찾아본다. 산책과 요가를 한다. 인터넷 쇼핑을 한다. 게임을 한다. 낮잠을 자거나 친구에게 연락한다. 따분함에 파묻혀 아무것도 하지 않고 멍때리고 있는다.

4. 오늘 혹은 과거에 이 감정을 느꼈을 때 진심으로 하고 싶은 말과 행동은 무엇인가요?

상대방이 하는 이야기가 재미없을 때는 화제를 돌리거나 핑계를 대고 그 자리에서 벗어난다. 나도 내 이야기를 하고 싶다고 솔직하게 말한다. 늘 하던 것이 아닌 새로운 것에 대한 아이디어를 구해서 실행한다. 무엇을 하고 싶은지 차근차근 생각해서 시작해 보고 싶다. '따분함을 부정적으로 생각하지 말고 그냥 따분함을 받아들이고 즐기는 건 어때?'. '평소에 취미를 만들었어야 했는데 아쉽네. 이번 기회에 새로운 것에 도전해 보자'.

5. 만약 진심으로 하고 싶은 말과 행동을 하지 못했다면 이유는 무엇인가요?

귀찮아서. 아무것도 하기 싫어서. 삶이 잘못되고 비어 있다는 느낌에 무언가 할 생각 자체를 하지 않아서. 즉각적으로 따분함을 해결하려고 해서. 그냥 시간이 흐르는 대로 지내면서 목표 의식이 사라져서. 뭘 해야 할지 막막해서. 상대방에게 상처를 주고 또한 받을까 봐. 새로운 것을 도전할 때 드는 돈이 아까워서.

6. 이 감정을 느낄 때 하고 싶은 말과 행동, 그것을 하기 위한 액션플랜 3가지를 작성하세요.

① 돈이 덜 드는 취미 생활을 찾아본다. - 친구들은 어떤 취미 생활을 하는지 직접 물어본다. - 돈이 덜 드는 취미 생활부터 시작한다.

② 공원에 책을 들고 나간다. - 사람들을 관찰하며 내가 도전할

수 있는 방법을 찾아본다. - 친구나 가족에게 전화한다.

③ 정말 하고 싶은 것이 무엇인지 생각한다. - 그것을 하기 위한 구체적인 계획을 세운다. - 좋아하는 것의 순위를 매기고 실행한다.

④ 귀찮고 움직이기 싫어도 집안일을 하며 몸을 움직인다. - 따분함은 불필요하고 무가치한 감정이 아니라고 말한다. - 내 삶에 즐거움과 재미를 주는 것이 무엇인지 생각한다.

7. 오늘 하루, 나의 핵심 감정은 무엇인가요?

우울, 불안, 따분함.

본격적인 갱년기에 들어서면서 몸과 마음의 컨디션이 매일 들 쑥날쑥하다. 특히나 오늘은 감기까지 걸려서 두통에 식은땀까지 쏟아지는 바람에 우울하고 불안했다. 종일 집에서 움직이지 않고 있으니 따분하기도 했다.

8. 오늘의 감사 (감사합니다, 미안합니다, 용서합니다, 사랑합니다)

갱년기에 감기로 고생했지만 독감이나 코로나가 아니어서, 그리고 혼자 있을 만해서 감사합니다. 요 근래 몸과 마음이 힘들어서 모임에 참석을 거의 하지 못해 친구들에게 미안합니다. 하루 종일 아프고 무기력해서 아이들에게 본의 아니게 짜증을 낸 나를 용서합니다. 무심한듯하지만 퇴근길에 따뜻한 붕어빵을 사온 남편을 사랑합니다.

월   일   요일 │ **따분함 감정 일기**

1. 나는 주로 언제 이러한 감정을 느끼나요?

2. 나는 오늘 이 감정을 느꼈나요? 느꼈다면 언제, 어떤 상황에서 느꼈나요?

3. 나는 이 감정을 느낄 때 주로 어떻게 반응하나요?

4. 오늘 혹은 과거에 이 감정을 느꼈을 때 진심으로 하고 싶은
   말과 행동은 무엇인가요?

5. 만약 진심으로 하고 싶은 말과 행동을 하지 못했다면 이유는 무엇인가요?

6. 이 감정을 느낄 때 하고 싶은 말과 행동, 그것을 하기 위한
   액션플랜 3가지를 작성하세요.

7. 오늘 하루, 나의 핵심 감정은 무엇인가요?

8. 오늘의 감사(감사합니다, 미안합니다, 용서합니다, 사랑합니다)

19. 희망

오늘의 감정은 희망입니다. 언제 희망을 느끼시나요? 희망은 불안과 마찬가지로 미래에 아직 일어나지 않은 일에 대한 기대와 바람, 설렘을 현재에서 갖는 감정입니다. 미래를 떠올리며 감정을 느낄 수 있다니 인간의 위대한 상상력과 창조력, 폭넓은 인식과 감정의 체계에 감탄할 따름입니다.

동일한 상황과 사건에서 누군가는 희망을, 누군가는 불안을 느낄 수 있는 만큼 감정은 지극히 개인적인 선택과 경험이라 할 수 있습니다. 상황과 사건을 어떻게 해석하고 바라보는지에 따라 전혀 다른 감정을 느낄 수 있기 때문에, 평소에 긍정적이고 유연한 사고를 지니는 것이 중요합니다. 좋은 음식을 먹어야 건강해지듯 좋은 말과 좋은 생각을 먹어야 좋은 태도로 표현할 수 있습니다. 감정은 전적으로 내가 선택하고 섭취한 생각에 따라 달라집니다. 그래서 긍정적인 생각과 감사를 일상에서 꾸준히 섭취해야 합니다.

나는 어떤 감정을 선택하며 하루를 보낼까요? 원하는 감정을 선택해서 누리고 표현하고 싶으신가요? 그렇다면 그동안 감정을 표현한 방법과 경험에 변화를 줄 필요가 있습니다. 감정 일기를 통해 지난 시간의 습관화된 반응을 파악하고, 진정으로 원하는 말과 행동을 스스로 선택해서 실행할 때 고착된 감정의 굴레에서 벗어날 수 있습니다.

작고 사소한 한 가지를 실천할 때 희망의 씨앗이 싹트기 시작합니다. 기다리고 바라보는 것으로 희망은 이루어지지 않습니다. 의식적이고 의도적인 선택을 할 때 희망찬 미래를 믿으며 전진할 수 있습니다.

예시   다른 사람들은 어떻게 썼을까?

○월 ○일 ○요일 | 희망 감정 일기

1. 나는 주로 언제 이러한 감정을 느끼나요?

아프던 사람이 회복되어 건강한 모습으로 사는 것을 볼 때. 열심히 공부한 뒤 원하는 결과가 나왔을 때. 일이 뜻대로 풀릴 때. 새싹이 돋아나는 봄에. 깔깔 웃으며 행복해하는 아이들의 모습을 볼 때. 미래에 대해 조금이나마 낙관적인 생각이 들 때. 소망과 기원의 메시지를 작성할 때. 힘든 일을 극복한 사람의 뉴스나 소식을 접할 때.

2. 나는 오늘 이 감정을 느꼈나요?
느꼈다면 언제, 어떤 상황에서 느꼈나요?

불과 얼마 전만 해도 불안과 우울에 일상이 무기력했는데, 매일 산책하고 감정을 직면하고 나를 사랑하고 돌보는 생활에 집중하면서 놀라울 정도로 평안을 찾은 내 모습을 보며 미래에 대한 희망과 뿌듯함을 느꼈다. 걱정하던 진료 결과가 생각보다 좋게 나와서 안심하고 희망을 느낄 수 있었다. 일대일 코칭을 받으면서 꾸준히 연습하면 원하는 대화법을 구사할 수 있겠다는 희망과 자신감이 생겼다.

3. 나는 이 감정을 느낄 때 주로 어떻게 반응하나요?

나도 좋아지기를 바라며 기도한다. 관련된 책을 보거나 인터넷 검색을 해서 희망을 현실화시키기 위해 노력한다. 기쁘고 웃음이 나고 만족스럽다. 말이 많아지고 실실 웃는다. 실제로 희망을 이루기 위한 최소한의 시도를 한다. 어려움을 극복한 사람들이 도움되었다고 한 행동을 따라한다.

**4. 오늘 혹은 과거에 이 감정을 느꼈을 때 진심으로 하고 싶은
   말과 행동은 무엇인가요?**

억지로 따라하는 게 아니라 진심으로 나 자신을 아끼고 돌보는
마음으로 실천하고 행동한다. 이미 이뤄진 것처럼 상상하고 행동
한다. 내 모든 바람은 이루어진다고 믿는다. 노력하면 잘할 수 있
고, 원하는 대로 이루어진다고 스스로에게 용기를 북돋아 주고 싶
다. 지난 시간과 행동을 후회하지 않고, 미래를 위해 할 수 있는 것
을 하나라도 찾아서 실행한다.

**5. 만약 진심으로 하고 싶은 말과 행동을 하지 못했다면
   이유는 무엇인가요?**

긍정적인 사고가 아닌 습관화된 부정적인 사고 때문에. 못할까
봐 지레 겁먹어서. 해도 이루어지지 않을 것 같아서. 이루어지지
않았을 때의 상실감과 허탈함을 느끼기 싫어서 아예 희망을 지워
버렸기 때문에. 나를 믿을 수 없어서. 내 마음을 있는 그대로 마주
보는 것이 너무 고통스럽고 힘들어서.

**6. 이 감정을 느낄 때 하고 싶은 말과 행동, 그것을 하기 위한
   액션플랜 3가지를 작성하세요.**

① 죽는 날까지 감정 일기를 매일 써서 습관으로 만든다. – 근본
   적인 원인이 무엇인지 통찰하고 나와 비슷한 원인을 극복한
   사람들의 글을 매일 읽는다. – 말에는 힘이 있다는 사실을 자
   각하면서 부정적인 말이 아닌 "나는 할 수 있어. 잘 되고 있
   어. 괜찮아" 같은 말을 수시로 한다.

② 부정적인 생각이 아닌 공상이라도 긍정적인 생각을 한다. –
가족과 친구와 대화하며 지지받는다. – 희망을 현실로 이루
기 위해 무엇을 할 수 있는지 생각하고 실행한다.

③ '해보지도 않고 회피하기 전에 일단 용기를 내어 해보자'고
말한다. – 단 한 가지라도 실행한다. – 꾸준히 반복한다.

④ '나는 좋아질 수 있다. 할 수 있다' 다짐하기 – 긍정적인 메시
지가 담긴 책 읽기 – 작심삼일을 반복하기

7. 오늘 하루, 나의 핵심 감정은 무엇인가요?

희망, 감사.

희망을 생각하고 작성하며 작은 것이라도 실천하면 나도 할 수
있다는 자신감과 희망이 생겼다. 움직이고 운동하는 것을 싫어했
는데 《나는 수면제를 끊었습니다》 책을 읽고 밑져야 본전이라는
생각에 석 달째 걸었더니 체력이 월등히 좋아지면서 불안이 감소
하고, 잠을 잘 자고, 소화가 잘된다. 책을 선물해준 친구와 책을 쓴
작가님에게 감사하다.

8. 오늘의 감사(감사합니다, 미안합니다, 용서합니다, 사랑합니다)

어제까지도 봉오리였던 꽃이 활짝 핀 것을 볼 수 있어서 감사합
니다. 산책하지 않았다면 느낄 수 없는 기쁨과 감사를 느낄 수 있
어서 감사합니다. 오랜만에 친구와 만나서 저녁을 함께 하기로 했
는데, 퇴근이 늦어진다고 연락한 친구에게 그냥 다음에 보자고 약
속을 취소해서 미안합니다. 나 몰래 친구에게 돈을 빌려준 남편을
용서합니다. 퇴근하고 집안일까지 하고 나니 바로 눕고 싶을 정도
로 피곤했지만, 졸음을 참고 감정 일기를 작성하며 진지하게 내
마음을 마주하고 다독이는 나를 진심으로 사랑합니다.

월   일   요일 │ 희망 감정 일기

1. 나는 주로 언제 이러한 감정을 느끼나요?

2. 나는 오늘 이 감정을 느꼈나요? 느꼈다면 언제, 어떤 상황에서 느꼈나요?

3. 나는 이 감정을 느낄 때 주로 어떻게 반응하나요?

4. 오늘 혹은 과거에 이 감정을 느꼈을 때 진심으로 하고 싶은
   말과 행동은 무엇인가요?

5. 만약 진심으로 하고 싶은 말과 행동을 하지 못했다면 이유는 무엇인가요?

6. 이 감정을 느낄 때 하고 싶은 말과 행동, 그것을 하기 위한
   액션플랜 3가지를 작성하세요.

7. 오늘 하루, 나의 핵심 감정은 무엇인가요?

8. 오늘의 감사(감사합니다, 미안합니다, 용서합니다, 사랑합니다)

20. 열정

오늘의 감정은 열정입니다. 최근에 열정이라는 감정을 느껴본 적이 언제인지 기억하시나요? 대부분 어느 정도 나이가 들면 정해진 삶에 치여서, 혹은 순응하며 삶이 내 목덜미를 끌고 가게 내버려 둡니다. 이런 게 인생이지 별거 있나 하면서 말이지요.

감정은 나이가 들면서 깊어지기보다 무디어지는 경향을 보입니다. 특별한 걱정이나 이슈 없이 평온한 삶을 누리기 때문일 수도 있지만, 나이든 사람이 갖는 평온함은 진정한 평온함이 아닌 무덤덤함인 경우가 많지요. 무덤덤하기 때문에 순응할 수 있습니다. 나이가 들수록 삶을 주체적으로 산다고 하는데 과연 그럴까요? 오히려 관성대로 사는 방식에 익숙해져서 주체성 없이 흘러가는 대로 자신을 맡기곤 합니다. 그러나 열정은 나이와 관계없이 살아 숨 쉴 수 있습니다.

언제 열정을 느끼시나요? 열정을 유지하는 나만의 방법에는 무엇이 있을까요? 모두 자신만의 계기와 방법, 의미가 있을 수 있습니다. 열정은 타오를 때가 있는 것처럼 사그라들 때도 있습니다. 강렬한 불꽃을 항상 유지할 수 없는 것은 당연합니다. 열정은 도전과 시작을 가능하게 하지만 인내와 지속 없이는 궁극적인 즐거움, 기쁨, 성취와 만족, 안정, 평안, 행복을 느낄 수 없습니다. 열정을 갖고 시작할 때 중요한 것은 순간의 뜨거움과 강렬함이 아닙니다. 열정에 취해서 후회한 경우를 떠올려 보세요. 모든 감정이 그렇듯 열정 역시 적절한 거리가 필요합니다. 뜨거우면 데이지만 따스하면 품을 수 있습니다.

열정을 뭉근하고 따스하게 지속하려면 어떻게 하면 좋을까요? 열정을 지속한다는 것은 보통의 의지나 결심으로는 불가능합니다. 뇌과학적으로도 도파민이 감소되기 때문에 의지와 결심이 아닌 열정을 지속할 수 있는 환경이 필요합니다. 매일 시간과 장소를 정해서 쓰는 감정 일기 역시 일종의 환경 설정이라고 할 수 있습니다.

감정 일기 작성 초반에 어떠셨나요? 분명히 뜨거운 마음으로 도전했는데, 지루하고 의무감이 느껴질 때도 있습니다. 일기 쓰기에 회의감이 들때도 있습니다. 열정의 사그라짐과 이동, 변화는 자연스러운 현상이니 자신을 의심하고 자책하거나 탓하지는 마세요. 열정이 안착하면 안정이 찾아옵니다.

예시 다른 사람들은 어떻게 썼을까?

○월 ○일 ○요일 | 열정 감정 일기

1. 나는 주로 언제 이러한 감정을 느끼나요?

새로운 일과 취미에 도전할 때. 울림이 있는 책을 시간 가는 줄 모르고 밤새워 읽을 때. 아이들의 성장이 부쩍 느껴질 때. 결과에 좋은 느낌이 들 때. 목표가 명확한 도전을 할 때. 진심으로 좋아하는 사람을 만날 때. 간절히 배우고 싶은 것이 생겼을 때. 여행 가기 전에.

2. 나는 오늘 이 감정을 느꼈나요?
느꼈다면 언제, 어떤 상황에서 느꼈나요?

오래전 그만둬서 아쉬웠던 피아노를 다시 배우기로 했는데, 학원에 가서 수강 신청을 하고 교재를 사면서 열정을 느꼈다. 며칠전 살짝 다친 발목이 아직 시큰거렸지만, 무리하지 않는 선에서 운동하기로 결심하며 운동화를 신는 순간 열정이 샘솟았다.

3. 나는 이 감정을 느낄 때 주로 어떻게 반응하나요?

목표를 이루기 위해 노력한다. 적극적으로 일에 임한다. 마음이 이끄는 대로 움직인다. 목표가 이뤄진 것처럼 상상하며 실제로 이루기 위해 최선을 다한다. 친한 사람들에게 열정을 느끼는 목표에 대해 이야기한다. 머뭇거리지 않고 즉각적으로 실행한다. 곳곳에 동기 부여를 위한 명언과 문구를 작성해 수시로 읽는다.

4. 오늘 혹은 과거에 이 감정을 느꼈을 때 진심으로 하고 싶은 말과 행동은 무엇인가요?

생각하거나 고민하지 말고 바로 실행한다. '지금 이 마음 변치 않고 꾸준히 하자. 어려워도 포기하지 말자'. 미래에 대한 긍정적인 생각을 한다. 연습하면 능숙해질 수 있으니 포기하지 않고 꾸준히 연습하고 싶다. '너무 애쓰지 않아도 괜찮아. 완벽하지 않아도 괜찮아. 지쳐서 쓰러질 정도로 하지 않아도 괜찮아'. 순간의 열정이 전부라고 착각하지 말고, 진정으로 원하는 것이 무엇인지 한 번 더 생각한 후 실행한다.

5. 만약 진심으로 하고 싶은 말과 행동을 하지 못했다면 이유는 무엇인가요?

다른 사람의 눈치를 봐서. 완벽하게 목표를 이루고 싶어서. 결과가 기대에 미치지 못할 것 같아서. 금방 사라질 감정에 에너지를 쏟고 싶지 않아서. 열정을 느끼는 내가 낯설어서. 지나치게 크고 추상적인 목표를 세워서.

6. 이 감정을 느낄 때 하고 싶은 말과 행동, 그것을 하기 위한
   액션플랜 3가지를 작성하세요.

   ① 노력은 배신하지 않으니 일단 작은 노력부터 시작하기 – 목
   　 표를 잘게 쪼개서 세우기 – 반복하기

   ② 실행을 위해 행동으로 옮긴다. – to do list를 만든다. – 리스
   　 트의 작은 목표부터 실행한다.

   ③ 힘들면 쉬어도 괜찮으니 너무 애쓰지 않기 – 일상의 작은 일
   　 에 감사하기 – 나를 위해 맛있고 영양 있는 음식 먹기

7. 오늘 하루, 나의 핵심 감정은 무엇인가요?

   만족, 혼란스러움.

   사장님이 생각지 않은 상여금을 주셔서 일에 대한 동기 부여는
   물론 회사와 나 자신에 대한 만족도가 올라갔다. 그럼에도 불구하
   고 두서없이 일을 시키고, 공과 사를 구분하지 못하고, 감정 기복
   이 큰 사장님에게 답답함과 짜증도 많이 느낀 하루여서 혼란스러
   움이 진하게 남았다.

8. 오늘의 감사(감사합니다. 미안합니다, 용서합니다, 사랑합니다)

   주지 않아도 되는 상황인데 굳이 상여금을 챙겨준 사장님께 감
   사합니다. 친구가 근처로 이사를 왔는데 이사한 집에 가보지 못해
   서 미안합니다. 강의 중에 자신의 경험을 예로 들며 거친 욕을 한
   강사님을 용서합니다. 짜증을 내고 기분이 오락가락해도 갱년기
   라고 이해해 주는 가족들, 언제나 내 편이 되어주는 가족들을 사
   랑합니다.

월   일   요일 | 열정 감정 일기

1. 나는 주로 언제 이러한 감정을 느끼나요?

2. 나는 오늘 이 감정을 느꼈나요? 느꼈다면 언제, 어떤 상황에서 느꼈나요?

3. 나는 이 감정을 느낄 때 주로 어떻게 반응하나요?

4. 오늘 혹은 과거에 이 감정을 느꼈을 때 진심으로 하고 싶은
   말과 행동은 무엇인가요?

5. 만약 진심으로 하고 싶은 말과 행동을 하지 못했다면 이유는 무엇인가요?

6. 이 감정을 느낄 때 하고 싶은 말과 행동, 그것을 하기 위한
   액션플랜 3가지를 작성하세요.

7. 오늘 하루, 나의 핵심 감정은 무엇인가요?

8. 오늘의 감사(감사합니다, 미안합니다, 용서합니다, 사랑합니다)

＊ 일주일 간 가장 많이 느낀 감정은 무엇인가요?

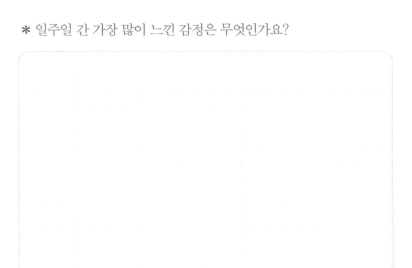

예시 다른 사람들은 어떻게 썼을까?

＊ 일주일 간 가장 많이 느낀 감정은 무엇인가요?

피곤함, 섭섭함.

퇴사를 앞두고 인수인계를 하는데, 생각보다 인수인계할 부분이 많아서 매일 늦게 퇴근하고 일찍 출근해서 많이 피곤한 한 주였다. 그동안 이렇게 많은 일을 맡아서 한 나 자신이 기특하고 한편으로는 안쓰러웠다. 내 퇴사를 앞두고 동료들이 아쉬워했지만, 정작 직속 상사와 팀원들은 그런 내색을 보이지 않아서 섭섭함이 컸다.

5주차

21. 포기

오늘의 감정은 포기입니다. 포기하고 싶은 순간이 생각보다 많지 않으신가요? 언제 포기하고 싶으세요? 저는 '포기'에 관한 원고를 작성하다 커서를 잘못 눌러서 글이 삭제되는 바람에 글을 다시 써야 했답니다. 순간 온몸에서 스르르 기운이 빠지고 맥이 풀렸습니다. 눈물이 왈칵 쏟아질 것만 같았고, 원고를 팽개쳐 둔 채 아무것도 하고 싶지 않았습니다. 컨디션이 별로 좋지 않은데 꾸역꾸역 쓰고 있었거든요. 하지만 손 놓고 있을 수는 없는 법. 어떻게든 기억을 더듬어 원고를 복구해야 했습니다. 그러다 학원에 갈 아이들의 저녁 식사를 챙겨주다 아이들의 소소한 투정에 급기야 짜증을 냈습니다.

아이들과 관계없이 순전히 제 욕구의 문제라는 사실을 알면서도, 욕구를 알고 있다는 사실 자체를 망각하고 누군가에게 표출하고 싶었습니다. 안타깝게도 그 누군가는 제 옆에 가까이 있는, 세상에서 가장 사랑하는 아이들이었습니다. 그동안 굳어진 삶의 패턴을 변화시키기 위해 꾸준히 노력했고 상당한 변화를 이루었지만, 성과를 만들어야 하는 일을 할 때는 묵은지처럼 묵어있던 패턴이 다시금 저를 괴롭힙니다.

하지만 이럴 때 어떻게 해야 하는지, 이제는 잘 알고 있기에 찬찬히 제 욕구를 들여다보았습니다. 홀가분함, 자유, 예측가능성, 안심, 연결, 소통, 공감, 이해, 사랑, 돌봄, 인정, 즐거움, 재미와 같은 욕구가 채워지지 않아서 느낀 감정이었습니다. 그중에서도 예측가능성, 홀가분함, 자유, 돌봄의 비중이 크다는 것을 깨닫고 욕구를 충족하기 위한 방법을 생각했습니다. 뽀모도로 공부법을 이용해 25분간 원고 작성 후 5분 쉬고, 원고를 작성할 때 듣는 음악 리스트에 변화를 주고, 백업을 습관화하고, 저녁의 영화 감상 시간을 좀 더 늘리기로 했습니다. 욕구를 수용하고 방법을 찾는 과정에서 놀라울 정도로 마음이 가벼워졌습니다.

이로 인해 포기와 수용의 의미를 되새길 수 있었습니다. 수용과 포기는 다른 것 같지만 같은 맥락입니다. 수용은 내가 무엇에 집착하고 있는지, 그래서 내려놓고 포기해야 할 대상이 무엇인지를 알려줍니다. 수용을 통해 포기를 배울 수 있습니다.

무조건 움켜쥘 필요도 없고, 시도하지 않고 포기할 필요도 전혀 없습니다. 진정으로 원하는 것은 무엇인가요? 마음의 소리에 따라 선택해 보세요. 선택에 따르는 포기는 진정한 용기이자 자신에 대한 사랑입니다.

예시　다른 사람들은 어떻게 썼을까?

○월 ○일 ○요일 │ 포기 감정 일기

1. 나는 주로 언제 이러한 감정을 느끼나요?

수면제를 먹고 잠들 때. 나보다 뛰어난 사람이 앞장서서 일을 할 때. 많은 시간과 비용, 노력이 필요한 일을 할 때. 도저히 내가 감당할 수 없는 수준의 일이라는 생각이 들 때. 상당한 노력을 기울였는데 일에 진척이 없을 때. 하고 싶고 가고 싶은 곳이 있지만 체력이 안될 때. 배우고 싶은데 조건이 충족되지 않을 때. 실패가 뻔히 보일 때. 세운 목표에 비해 나한테 자원이 없다고 느낄 때. 시간, 돈, 체력 낭비일 것 같을 때.

2. 나는 오늘 이 감정을 느꼈나요?
느꼈다면 언제, 어떤 상황에서 느꼈나요?

점심을 집에서 해 먹고 저녁도 집에서 하려고 했는데 저녁 식사까지 하기에는 너무 피곤하고 힘들어서 배달을 시키며 느꼈다. 쇼콜라티에 과정을 배우고 싶었는데 수강료가 예상보다 너무 비싸서 포기했다. 자율 독서 모임에 참여하는데 지난주 내내 회사 일이 바빠서 독서 인증을 한 번도 하지 못한 것이 떠올라 독서와 모임 모두 포기하고 싶었다.

3. 나는 이 감정을 느낄 때 주로 어떻게 반응하나요?

굉장히 고민을 많이 한다. 고민할 시간에 실행하면 되는데 고민을 훨씬 더 많이 한다. 단념하고 체념한다. 안 되겠다 더 이상 하지 말자고 하면서 포기한다. 괜찮다고 위로한다. 포기하고 싶지 않지만 결국 포기할 수 밖에 없었고, 뜻대로 되지 않아서 속상하고 슬프다. 자책한다.

4. 오늘 혹은 과거에 이 감정을 느꼈을 때 진심으로 하고 싶은 말과 행동은 무엇인가요?

될 때까지 의지를 갖고 하고 싶다. 힘들어도 끈기를 갖고 도전하자고 말하고 싶다. '심호흡을 크게 하고 다시 한번 해보자. 하다 보면 길이 나올 거야'. '긍정적인 결과가 나올 수 있는데 왜 미리 부정적으로 생각해?'라고 나에게 질문하고 싶다. '실수하고 실패해도 괜찮아. 이걸 실수한다고 인생 전체가 실패하는 게 아니야. 인생은 실수를 통해 성장하고 배우는 거야'.

5. 만약 진심으로 하고 싶은 말과 행동을 하지 못했다면 이유는 무엇인가요?

실패한 나 자신을 받아들이기 힘들어서. 실수하고 실패한 나를 받아들이면 삶 전체가 실패하는 것 같아서. 나 스스로를 믿지 못해서. 일찌감치 포기하면 마음이 편해서. 게으름과 안일함 때문에. 귀찮고 불안해서. 포기로 얻을 수 있는 이점이 있어서.

6. 이 감정을 느낄 때 하고 싶은 말과 행동, 그것을 하기 위한
   액션플랜 3가지를 작성하세요.

   ① 걷기 싫을 때 – 일단 5분만 걷고 와도 괜찮다고 생각한다. –
   무조건 운동화를 신고 나간다.

   ② 실수해도 큰 문제가 없는 목표를 설정한다. – 스몰 스텝부터 천
   천히, 매우 상세하게 계획을 세운다. – 하루에 한 개만 실천한다.

   ③ 반복 훈련한다. – 휴식한다. – 만족스럽지 않아도 실행한 만
   큼 결과를 인정하고 받아들인다.

7. 오늘 하루, 나의 핵심 감정은 무엇인가요?

   희망.

   비가 와서 만 보 걷기를 하지 못할 줄 알았는데 우산을 쓰고 걸
   었다. 포기하지 않고 난생처음 우산을 쓰고 만 보를 걸은 내 모습
   에 희망을 느꼈다.

8. **오늘의 감사**(감사합니다, 미안합니다, 용서합니다, 사랑합니다, 축복합니다)

   소화불량과 식욕 부진으로 최근에 제대로 식사를 하지 못했는
   데, 오늘은 평소보다 맛을 느끼며 많이 먹을 수 있어서 감사합니
   다. 우선순위 없이 시간 관리를 제대로 하지 못하는 나에게 미안
   합니다. 행사 준비가 미흡해서 업무에 차질을 준 팀원들 때문에
   속상했지만 용서합니다. 변함없이 모든 것을 내어주고 또 내어주
   는 아름다운 자연을 사랑합니다. 한결같이 나를 사랑하고 응원해
   주는 가족들을 축복합니다.

월   일   요일 | 포기 감정 일기

1. 나는 주로 언제 이러한 감정을 느끼나요?

2. 나는 오늘 이 감정을 느꼈나요? 느꼈다면 언제, 어떤 상황에서 느꼈나요?

3. 나는 이 감정을 느낄 때 주로 어떻게 반응하나요?

4. 오늘 혹은 과거에 이 감정을 느꼈을 때 진심으로 하고 싶은
   말과 행동은 무엇인가요?

5. 만약 진심으로 하고 싶은 말과 행동을 하지 못했다면 이유는 무엇인가요?

6. 이 감정을 느낄 때 하고 싶은 말과 행동, 그것을 하기 위한
   액션플랜 3가지를 작성하세요.

7. 오늘 하루, 나의 핵심 감정은 무엇인가요?

8. 오늘의 감사(감사합니다, 미안합니다, 용서합니다, 사랑합니다, 축복합니다)

22. 실망

오늘의 감정은 실망입니다. 실망과 서운함은 함께 어울리는 친구지요. 평소 자주 실망하는 편이신가요? 실망은 기대에 미치지 못했을 때 느끼는 감정입니다. 말로는 기대하지 않는다고 하면서도 무심결에 기대하는 경우가 얼마나 많은지 모릅니다. 기대가 채워지지 않으면 실망하고 서운하고 속상하고 화가 나기도 하면서 서글픔과 원망 같은 다양한 감정을 함께 느끼게 되지요.

단지 내 욕구에 따른 기대가 채워지지 않은 것뿐인데. 우리는 때로 실망감을 적절하지 않은 방법으로 표현해서 갈등과 오해를 빚습니다. 실망이 크다는 것은 욕구와 바람이 그만큼 컸다는 의미입니다. 자주 실망하고 실망의 강도가 크다고 자책하지 마세요.

저는 미숙한 시절, 제 욕구를 다른 사람이 채워주기 원했습니다. 오직 저만의 욕구인데 욕구를 자각하지 못했기 때문에 욕구를 채워주지 않는 사람들을 미워하고 원망했습니다. 그러니 더더욱 스스로 채울 방법은 생각하지 못했습니다. 저도 정확히 알지 못하는 제 욕구를 다른 사람들이 어떻게 알 수 있을까요? 시간이 지날수록 커지는 기대의 크기에 따라 실망과 원망의 크기 역시 비례했습니다.

자신의 욕구를 정확히 알 때 감정은 물론 나 자신과 다른 사람에게서 자유로워질 수 있습니다. 욕구 자체를 끝까지 억누르거나 단숨에 바꿀 방법은 없지만 욕구를 충족할 다른 방법은 있습니다. 우리가 느끼는 감정은 욕구의 충족 또는 불충족으로 구분된다는 사실을 기억하세요. 충족되지 않은 욕구, 그래서 꼭 충족하고 싶어서 더 큰 갈망으로 부푼 욕구를 충족할 열쇠는 자신에게 있습니다.

우리는 자신의 경험과 지식을 토대로 방법을 생각하고 그것이 전부라고 착각합니다. 나만의 경험과 지식이라는 성에 갇혀 있지요. 갇혀 있는 나를 인식하고 다른 방법을 수용할 때, 실망의 빈도와 강도 모두 줄어들 수 있습니다.

예시   다른 사람들은 어떻게 썼을까?

○월 ○일 ○요일 | 실망 감정 일기

1. 나는 주로 언제 이러한 감정을 느끼나요?

아이가 걸핏하면 지각할 때. 마트에 갔는데 당장 필요한 물건이 품절일 때. 기대에 미치지 못하는 아이의 성적과 태도를 볼 때. 나 잇값을 하지 못하는 어른을 볼 때. 열심히 준비한 시험에서 떨어 졌을 때. 기대에 미치지 못한 결과를 얻을 때. 처음과는 사뭇 다른 상대방의 태도에서.

2. 나는 오늘 이 감정을 느꼈나요?
느꼈다면 언제, 어떤 상황에서 느꼈나요?

화이트데이라서 남편이 초콜릿을 선물할 줄 알았는데 아무것도 없이 그냥 와서 실망했다. 매일 정해진 루틴대로 공부하기로 했는 데 지키지 않은 나 자신에게 실망했다. 집에 와서 핸드폰만 열심 히 보는 딸에게 실망했다.

3. 나는 이 감정을 느낄 때 주로 어떻게 반응하나요?

아무 말 하지 않는다. 설득하거나 화내거나 잔소리한다. 자책한다. 자포자기하는 심정으로 아무것도 하지 않는다. 한참 동안 우울해한다. 다른 방법을 모색한다. 실망해서 속상한 감정을 말과 행동으로 드러낸다.

4. 오늘 혹은 과거에 이 감정을 느꼈을 때 진심으로 하고 싶은 말과 행동은 무엇인가요?

실망이라는 감정 속에 내가 진정으로 원한 것이 무엇이었는지 욕구를 들여다본다. 실망에 휩싸여 짜증, 분노로 감정이 더욱 불타오르지 않도록 실망이라는 감정에서 한 발자국 떨어져 내 감정과 욕구를 알아차린다. 시간은 계속 흐르니 이 상황에만 파묻혀 있지 말고 보다 가치 있는 일을 찾아보자고 하고 싶다. 나 또는 상대방을 위로하고 보듬어주고 싶다.

5. 만약 진심으로 하고 싶은 말과 행동을 하지 못했다면 이유는 무엇인가요?

나 자신 또는 상대방에 대한 실망이 너무 커서 감정에서 빠져나오기 힘들었다. 나한테 화가 나고 부끄러워서. 더 좋은 기회가 온다는 것을 믿지 못해서. 희망을 가졌다 또 실망하기 싫어서. 내가 그런 기대를 갖고 있었다는 것을 들키는 게 창피하고 무안해서.

6. 이 감정을 느낄 때 하고 싶은 말과 행동, 그것을 하기 위한 액션플랜 3가지를 작성하세요.

① 실패해도 괜찮다고 생각한다. – 실패를 통해 성장한다는 사실을 기억한다. – 생각에 그치지 않고 행동으로 옮긴다.

② 나 자신 또는 상대방에게 사랑한다고 이야기하기 – 긍정적인
　생각하기 – 운동하기

③ 크게 심호흡하기 – 잔소리 외에 다른 방법 찾기 – 인내심을
　갖고 아이의 관심사에 대해 대화하기

7. 오늘 하루, 나의 핵심 감정은 무엇인가요?

걱정, 안타까움.

배탈이 난 강아지를 치료하기 위해 동물병원에 맡기고 왔다. 안
타깝고 걱정스러워서 피곤한데 정신은 계속 말똥말똥했다.

8. 오늘의 감사(감사합니다, 미안합니다, 용서합니다, 사랑합니다, 축복합니다)

카톡 선물로 생일을 기억하고 케이크를 보내 준 가족과 친구에
게 감사합니다. 아이에게 핸드폰 대신 책을 읽으라고 잔소리해서
미안합니다. 문 앞에 전단지를 덕지덕지 붙이고 간 사람을 용서합
니다. 가끔은 밉고 서운해서 짜증나고 속상하지만, 그래도 변함없
이 나를 사랑하는 남편을 사랑합니다. 지금까지 큰 사건 사고 없
이 해로하시는 부모님을 축복합니다.

월   일   요일 │ 실망 감정 일기

1. 나는 주로 언제 이러한 감정을 느끼나요?

2. 나는 오늘 이 감정을 느꼈나요? 느꼈다면 언제, 어떤 상황에서 느꼈나요?

3. 나는 이 감정을 느낄 때 주로 어떻게 반응하나요?

4. 오늘 혹은 과거에 이 감정을 느꼈을 때 진심으로 하고 싶은
   말과 행동은 무엇인가요?

5. 만약 진심으로 하고 싶은 말과 행동을 하지 못했다면 이유는 무엇인가요?

6. 이 감정을 느낄 때 하고 싶은 말과 행동, 그것을 하기 위한
   액션플랜 3가지를 작성하세요.

7. 오늘 하루, 나의 핵심 감정은 무엇인가요?

8. 오늘의 감사(감사합니다, 미안합니다, 용서합니다, 사랑합니다, 축복합니다)

23. 좌절

오늘의 감정은 좌절입니다. 살다 보면 의지와 의욕이 꺾이고 뜻하지 않은 좌절이 찾아오는 순간이 참 많습니다. 뼈아플 정도로 힘든 기억, 다시는 기억하고 싶지 않은 순간이 어찌나 많은지요. 하지만 좌절을 통해 우리 자신의 연약함과 유한함을 깨닫고 성장하고 성숙할 수 있습니다.

지금 생각해 보면 어떻게 이겨냈는지 다시는 일어서지 못할 것처럼 힘들고 어려운 순간은 누구나 있습니다. 그 시간을 버티고 견뎠기 때문에 한층 성장해 이렇게 현재라는 선물을 누리게 되었습니다. 우리에게는 좌절의 순간뿐만 아니라, 좌절을 견디고 이겨낸 순간 역시 존재합니다.

좌절에 끌려가거나 굴복하지 않고 어떻게 하면 좌절이라는 감정을 이끌어 갈 수 있을까요? 실수와 실패는 결코 영원하지 않습니다. 순간을 영원으로, 영원을 순간으로 착각할 때 시간이 아닌 내가 삶을 왜곡합니다. 순간은 영원보다 힘이 세지만 넘어짐과 아픔 없이 성장할 수 없습니다. 때로는 전진보다 더 많은 퇴보를 반복할 수도 있습니다.

실수와 실패, 수많은 좌절과 아픔은 희망을 갖고 용기 내어 도전했다는 증거입니다. 쌓인 도전의 발자국은 헛되지 않아 삶의 여정에 고스란히 남아 있습니다. 오늘도 실수하고 실패하는 나 자신을 진심으로 응원하고 축하해 주세요.

예시 다른 사람들은 어떻게 썼을까?

○월 ○일 ○요일 | **좌절 감정 일기**

1. 나는 주로 언제 이러한 감정을 느끼나요?

남편과 내가 승진하지 못했을 때. 수면제가 늘어날 때. 바라던 시험에 불합격했을 때. 다른 사람에게 비난받을 때. 사람들이 나를 싫어할 때. 하고 싶은 것이 있지만 여건과 체력의 부족으로 하지 못할 때. 기대한 만큼 결과가 나오지 않을 때. 내가 엄청나게 노력해도 만들기 힘든 결과를 다른 사람은 쉽게 만들 때.

2. 나는 오늘 이 감정을 느꼈나요?
   느꼈다면 언제, 어떤 상황에서 느꼈나요?

요즘 다시 시작된 불면증으로 자다 자주 깨면서 좌절하고 불안했다. 이사 비용을 알아보는데 예상보다 비싸서 좌절했다. 일주일 내내 머리 터지게 만든 보고서에 상사가 탐탁지 않은 반응을 보여서 좌절했다. 내 역량이 몹시 부족하다는 생각에 좌절감이 컸다.

3. 나는 이 감정을 느낄 때 주로 어떻게 반응하나요?

회피하고 내 일이 아닌 것처럼 생각하고 반응한다. 세상이 끝난 것처럼 우울해진다. 공격적이 되어서 다툼이 일어난다. 오랫동안 자책한다. 나 자신 또는 상황을 탓한다. 다른 방법이 있을 거라며 희망을 가진다. 어떻게 하면 원하는 결과를 얻을 수 있을지 공부하고 벤치마킹하지만, 그래도 안 되면 내게 취약한 부분이라는 사실을 인정하고 포기한다.

4. 오늘 혹은 과거에 이 감정을 느꼈을 때 진심으로 하고 싶은
   말과 행동은 무엇인가요?

할 수 있는 범위 안에서 노력하고 그래도 되지 않으면 내가 할 수 없는 부분이라는 사실을 인정하고 받아들인다. 노력과 실행에서 부족한 부분이나 수정해야 할 부분을 차근차근 살펴본다. 모두 다 잘할 수 없다는 사실을 받아들이고 내가 잘 못하는 것보다 강점에 더욱 집중한다. 이게 끝은 아니고 더 좋은 기회가 온다고 믿는다. 오늘 좌절해도 내일에 대한 희망을 갖자고 다짐한다. 자책하지 말고 기운내자고 말한다.

5. 만약 진심으로 하고 싶은 말과 행동을 하지 못했다면 이유는 무엇인가요?

내가 너무 나약해서. 또 실패할까 봐 두려워서. 노력해도 원하는 결과가 나오지 않은 적이 많아서. 두려움에 휩싸여서. 더 좋은 기회가 온다는 말을 믿을 수 없어서. 좌절이라는 늪이 꽤 깊어서 헤어나지 못해서. 바로 결과를 얻고 싶은 조급함 때문에. 눈앞의 것만 생각하는 근시안적인 태도를 갖고 있어서. 기대와 목표를 너무 높이 정해서.

6. 이 감정을 느낄 때 하고 싶은 말과 행동, 그것을 하기 위한 액션플랜 3가지를 작성하세요.

① 실행에 부담이 적은 수준에서 구체적이고 명확한 목표를 설정한다. – 내가 좋아하거나 잘하는 부분부터 먼저 실행한다. – 좌절을 딛고 이겨낸 사람의 글과 책을 읽는다.
② 어제보다 살짝 나은 오늘, 오늘보다 아주 조금 나은 내일을 만드는 데 집중한다. – 내가 아는 방법이 아닌 다른 방법을

찾아본다. – 다른 사람의 조언을 구한다.

③ 나 자신에게 사랑한다고 이야기하기 – 운동하기 – 독서하기

7. 오늘 하루, 나의 핵심 감정은 무엇인가요?

설렘, 들뜸.

설을 앞두고 설 선물과 필요한 물건 목록을 작성하고 준비하면서 마음이 설레고 들떴다.

8. 오늘의 감사 (감사합니다, 미안합니다, 용서합니다, 사랑합니다, 축복합니다)

잠을 제대로 못 자서 피곤하고 예민한 나를 위해 함께 산책하고 짜증을 받아 준 남편과 가족의 배려와 보살핌에 감사합니다. 산책하고 오는 길에 아이의 립밤을 사다주기로 했는데 잊고 그냥 와서 미안합니다. 친구 집에 간다고 연락하지 않고 늦게 들어온 아이를 용서합니다. 다른 가족이 아닌 나 자신을 위해 음식을 만들고 예쁘게 차려서 먹는 나를 사랑합니다. 하루도 빼놓지 않고 좋은 문구와 말씀을 보내 주는 친구를 축복합니다.

월   일   요일 | 좌절 감정 일기

1. 나는 주로 언제 이러한 감정을 느끼나요?

2. 나는 오늘 이 감정을 느꼈나요? 느꼈다면 언제, 어떤 상황에서 느꼈나요?

3. 나는 이 감정을 느낄 때 주로 어떻게 반응하나요?

4. 오늘 혹은 과거에 이 감정을 느꼈을 때 진심으로 하고 싶은
   말과 행동은 무엇인가요?

5. 만약 진심으로 하고 싶은 말과 행동을 하지 못했다면 이유는 무엇인가요?

6. 이 감정을 느낄 때 하고 싶은 말과 행동, 그것을 하기 위한
   액션플랜 3가지를 작성하세요.

7. 오늘 하루, 나의 핵심 감정은 무엇인가요?

8. 오늘의 감사(감사합니다, 미안합니다, 용서합니다, 사랑합니다, 축복합니다)

24. 감탄

오늘의 감정은 감탄입니다. 요즘 감탄하신 적 있으신가요? 놀랍고 경이롭고 위대함을 느낌과 동시에 자신의 부족함과 연약함을 마주할 때, 하지만 비교가 아닌 순수한 감동으로 하찮은 나를 직면할 때 감탄한다고 표현합니다. 괄목할 만한 성과 때문에 감탄한다고 생각할 수 있지만 진정한 감탄은 평가가 아닌 인정에서 우러나오는 존중입니다.

일상에서는 언제 감탄할 수 있을까요? 평범한 일상에 감탄할 것이 있을까 싶지만 삶의 당연함에서 조금만 벗어나면 감탄할 일은 많습니다. 단단한 보도블록 사이를 비집고 솟아오른 이름 모를 풀꽃들, 어떤 예술가도 만들어 낼 수 없는 아름다운 하늘, 올림픽과 월드컵 등 스포츠 경기에서 한계를 넘어서 도전하는 모습… 느끼려고 하면 감탄이라는 감정을 얼마든지 느끼고 누릴 수 있습니다.

자신한테 감탄한 적이 있으신가요? 다른 사람에게는 종종 감탄하면서 왜 하나뿐인 나 자신에게는 감탄하지 않을까요? 예전의 저는 '나는 감탄할 정도로 이룬 성과가 없어. 감탄하거나 감탄 받을 자격이 없어'라고 여겼습니다. 저같이 부족한 사람과 감탄은 하늘과 땅처럼 닿을 수 없는 관계라고 생각했습니다. 하지만 한편으로는 제가 발견하지 못한 제 가치를 다른 사람들이 알아채고 인정을 넘어서 감탄해 주기를 바랐습니다. 어찌나 모순적이었는지요.

그런데 신기하게도 더 이상 잃을 것이 없는 삶의 밑바닥에서 제가 할 수 있는 지극히 미미하고 사소한 행동을 하나씩 해낼 때 비로소 저 자신에게 감탄할 수 있었습니다. 크고 놀랍거나 아무나 이룰 수 없는 성취와 성과를 얻었기 때문이 아니었습니다. 그저 저라는 존재 자체에 대한 깊은 사랑과 존중으로 인해 느낀 조건 없는 감탄이었습니다.

'나도 할 수 있구나. 내가 이런 사람이구나. 힘들어도 포기하지 않고 있어. 나는 존재 자체로 가치가 있어. 살아 있는 것 자체가 감사고 기적이야. 인정받기 위해 애쓰지 않아도 나는 나로 충분해.'

스스로를 사랑하면서 나 자신에게 감탄할 때 비로소 다른 사람들 역시 나에게 감탄할 수 있습니다. 인정받고 존경받고, 감동과 감탄을 주고 싶은 사람이 되고 싶으신가요? 먼저 나 자신을 사랑하고 감사하고 감동하고 감탄하세요. 자신을 감동시키고 감탄한 사람이 다른 사람도 감동시킬 수 있습니다.

예시 다른 사람들은 어떻게 썼을까?

○월 ○일 ○요일 │ 감탄 감정 일기

1. 나는 주로 언제 이러한 감정을 느끼나요?

아이들이 혼자서 밥을 챙겨 먹을 때. 멋진 예술 작품을 보거나 불가능하다고 생각한 일을 한 사람들의 기사와 뉴스를 접할 때. 절대 따라잡을 수 없는 능력을 갖고 있는 사람을 볼 때. 아름답고 광활한 자연을 마주할 때. 작고 미미해서 존재감을 느끼지 못한 것들이 강한 생명력을 지닌 것을 볼 때.

2. 나는 오늘 이 감정을 느꼈나요?
느꼈다면 언제, 어떤 상황에서 느꼈나요?

공원을 산책하다 본 하늘이 너무나 맑고 깨끗해서 감탄했다. 드라마 주인공의 아름다운 얼굴과 몸매에 감탄했다. 생각지도 못한 부분을 능숙하게 처리하는 남편의 지식과 꼼꼼한 일 처리에 감탄했다. 직접 점심을 만들어 먹는다고 한 아이들이 식사 후 설거지까지 말끔하게 해 놓아서 아이들의 배려와 성장에 감탄했다.

3. 나는 이 감정을 느낄 때 주로 어떻게 반응하나요?

모르는 사이에 아이가 많이 컸구나 싶어서 칭찬한다. 경이롭고 멋지다는 생각에 보고 또 본다. 샘내거나 부러워한다. 나도 저렇게 되고 싶은 욕구가 있다는 사실을 알아차리고 인정한다. 감탄사와 함께 할 말을 잃고 감상한다.

4. 오늘 혹은 과거에 이 감정을 느꼈을 때 진심으로 하고 싶은 말과 행동은 무엇인가요?

충분히 감상한다. 사람은 누구나 훌륭한 구석이 있으니 나도 그럴 거라고 믿는다. 감탄하면 그저 느끼고 감탄에 머무른다. 사람의 능력이란 무궁무진하니 나도 도전해 보겠다고 생각한다. 아이 혼자서 잘하더라도 내가 챙겨 줄 부분을 조금 더 살피고 보살펴 주고 싶다.

5. 만약 진심으로 하고 싶은 말과 행동을 하지 못했다면 이유는 무엇인가요?

상대방이 잘할 거라고 믿어서. 하지 못할 것 같아 미리 포기해서. 나는 저렇게 되지 못할 거라는 부정적인 생각 때문에. 너무 오버하는 것 같아서.

6. 이 감정을 느낄 때 하고 싶은 말과 행동, 그것을 하기 위한 액션플랜 3가지를 작성하세요.

① 자연을 늘 가까이할 수 있도록 산책을 일상화한다. – 주말에는 등산, 캠핑 등 자연에서 할 수 있는 활동을 한다. – 자신의 한계나 어려움을 극복한 사람들이 자주 출연하는 유튜브와 다큐멘터리를 자주 챙겨본다.

② 있는 그대로 몸과 마음으로 느끼기 – 나에게도 다른 좋은 면이 있는지 찾아보기 – 비교가 아닌 모두가 다른 사람이라는 사실을 인식하기

③ 감상하기 – 칭찬하기 – 나도 할 수 있다고 믿고 일단 시도하기

7. 오늘 하루, 나의 핵심 감정은 무엇인가요?

따분함, 지루함, 답답함.

폭설로 하루 종일 꼼짝하지 못한 채 집에만 있었더니 좀이 쑤시고 따분하고 지루했다. 도서관에서 빌려온 책도 읽었지만 새로운 요가 학원을 알아보고 친구를 만날 계획이었는데 눈 때문에 무산되어 답답한 하루였다.

8. 오늘의 감사(감사합니다, 미안합니다, 용서합니다, 사랑합니다, 축복합니다)

명절을 잘 보내라고 안부 메시지를 준 지인들에게 감사합니다. 깜빡하고 창문을 완전히 닫지 않은 바람에 다육이들이 냉해를 입어서 미안합니다. 혼잡한 지하철 4호선에서 내 발을 밟고 가방으로 등을 세게 밀치고 지나간 남자를 용서합니다. 자주 깜빡하고 실수도 많고 감정적으로 반응하는 나이지만, 어제도 오늘도 내일도 나를 사랑합니다. 매일 조금씩 성장하고 성숙의 길로 나아가는 나를 진심으로 축복합니다.

월   일   요일 | 감탄 감정 일기

1. 나는 주로 언제 이러한 감정을 느끼나요?

2. 나는 오늘 이 감정을 느꼈나요? 느꼈다면 언제, 어떤 상황에서 느꼈나요?

3. 나는 이 감정을 느낄 때 주로 어떻게 반응하나요?

4. 오늘 혹은 과거에 이 감정을 느꼈을 때 진심으로 하고 싶은
   말과 행동은 무엇인가요?

5. 만약 진심으로 하고 싶은 말과 행동을 하지 못했다면 이유는 무엇인가요?

6. 이 감정을 느낄 때 하고 싶은 말과 행동, 그것을 하기 위한
   액션플랜 3가지를 작성하세요.

7. 오늘 하루, 나의 핵심 감정은 무엇인가요?

8. 오늘의 감사(감사합니다, 미안합니다, 용서합니다, 사랑합니다, 축복합니다)

25. 샘

오늘의 감정은 샘입니다. 어릴 때는 주로 '샘을 낸다'고 표현하는데, 성인이 되면 '질투'라는 말을 더욱 자주 사용하지요. 샘과 질투는 같은 뜻일까요? 비슷하지만 살짝 차이가 있습니다. 샘은 다른 사람의 소유를 탐내거나 나보다 나은 사람을 미워하는 마음이고, 질투는 샘이 확대되어 깎아내리려는 마음을 뜻합니다. 조금 더 적극적으로 드러내는 감정을 질투라고 생각하면 이해하기 쉽습니다.

다른 사람과 비교하지 않으면 샘을 낼 이유도, 질투할 이유도 없습니다. 불행과 불만족처럼 비교가 만들어 내는 감정은 나 자신을 고통스럽게 합니다. 다양성에 대한 수용이 부족한 우리나라의 문화적 특성으로 세상의 기준과 가치관에 맞아야만 올바르고 괜찮은 삶을 사는 것처럼 느낄 때가 많습니다.

우리 모두는 각자 자신의 삶을 살기 위해 태어났습니다. 남의 삶이 아닌 '내 삶'을 살기 위해 태어났지요. 모두가 다르기 때문에 주거니 받거니, 뾰족하게 또는 둥글게 서로 도우며 살 수 있습니다. 우리의 다름은 부족함이나 연약함이 아닌 풍성함이자 아름다움이며, 나눔의 원천이라는 사실을 기억하세요. 다르기 때문에 더욱더 연결하고 소통할 수 있으며 진정한 우리로 살아갈 수 있습니다.

저는 예전에는 샘이 별로 없는 줄 알았습니다. 하지만 저를 직면하고 감정 일기를 쓰면서 샘이 많은 사람이라는 사실을 깨달았습니다. 그동안 샘을 드러내지 않았을 뿐이었지요. 저보다 뛰어난 능력이나 여건을 갖고 있는 사람, 더 나은 성과를 만들어 내는 사람에게 샘이 났습니다. 하지만 저를 수용하고 난 후 전처럼 샘이 나지 않습니다. 샘의 자리에 너그러움, 감사와 감탄이 자리한 것 같습니다. 어제도 오늘도 내일도 우리는 자신만의 전쟁터에서 고군분투하는 전사입니다. 동병상련이듯이 전사의 마음은 같은 전사끼리 이해할 수 있습니다.

○월 ○일 ○요일 | 샘 감정 일기

1. 나는 주로 언제 이러한 감정을 느끼나요?

나보다 행복하게 잘 사는 사람들을 볼 때. 나는 얻기 힘든 것을 쉽게 얻은 사람을 볼 때. 다른 사람이 나보다 더 좋은 것을 갖고 있거나 잘한다고 생각될 때. 나는 절대 따라잡지 못할 능력을 지닌 사람을 볼 때. 예쁘고 몸매 좋은 사람을 볼 때. 인스타그램에서 행복하고 풍요로운 삶을 사는 사람을 볼 때. 학창시절 나보다 성적이 좋지 않고 놀던 친구가 나보다 더 잘 나갈 때. 부모님에게 정서적, 경제적 지원을 모두 받은 사람을 볼 때. 결혼으로 인생 역전한 친구를 볼 때.

2. 나는 오늘 이 감정을 느꼈나요?
느꼈다면 언제, 어떤 상황에서 느꼈나요?

나는 비싸서 사지 못한 가방을 출근할 때 매고 있는 사람을 보면서 느꼈다. 최근에 사귄 동네 친구가 일도 잘하고 아이도 잘 키우면서 부족한 것 하나 없이 사는 슈퍼우먼 같아서 부러움과 샘을 동시에 느꼈다. 점심시간마다 먼저 전화하고 챙기는 남편이 있는 회사 동료에게 샘이 났다.

3. 나는 이 감정을 느낄 때 주로 어떻게 반응하나요?

겉으로는 아닌 척하지만 속으로는 엄청 부러워한다. 나 자신이 불만족스럽다. 좋겠다고 부러워하면서 속으로는 상대의 단점을 찾아서 깎아내린다. 본심을 감추고 티를 내지 않기 위해 애쓴다. 샘내고 부러워하면서 내 안의 욕구를 알아차린다. 인스타그램을 지운다. 샘나게 하는 사람들을 만나지 않는다.

4. 오늘 혹은 과거에 이 감정을 느꼈을 때 진심으로 하고 싶은 말과 행동은 무엇인가요?

다른 사람과 나를 비교하기보다 내가 어떤 사람이고 무엇을 좋아하는지 나에게 집중한다. 완벽해 보여도 누구나 장단점이 있고 부족한 부분이 있을 거라고 나를 위로한다. 다른 방식으로 좋은 사람이 되기 위해 노력한다. '저 사람은 열심히 했기 때문에 누리는 거야. 나도 열심히 해보자'.

5. 만약 진심으로 하고 싶은 말과 행동을 하지 못했다면 이유는 무엇인가요?

내가 너무 초라해 보여서. 끊임없이 남과 비교하기 때문에. 나를 인정하기보다 다른 사람이 갖고 있는 것(재능, 성격, 가족, 직업, 물건 등)이 더 커 보여서. 나는 저렇게 되지 못한다는 부정적인 믿음 때문에. 나를 있는 그대로 사랑하지 못해서. 사랑받고 주목받고 싶어서. 인정받고 돋보이고 싶어서.

6. 이 감정을 느낄 때 하고 싶은 말과 행동, 그것을 하기 위한 액션플랜 3가지를 작성하세요.

① 흐르는 대로 사는 하루가 아닌 원하는 하루를 살기 위해 아침마다 긍정 확언을 필사한다. - 오늘 어떤 하루를 살기 원하는지 생각하고, 그러기 위해 필요한 3가지 목표를 정한다. - 30분 동안 핸드폰을 보지 않고, 오롯이 나에게 집중하

며 산책한다.

② 나쁜 감정은 없으니 있는 그대로 느낀다. – 나에게도 다른 좋은 면이 있는지 찾아본다. – 비교를 멈추고 독서나 노래 등 다른 취미에 집중한다.

③ 개선할 수 있다면 스스로를 발전시키기 – 질투감을 유발하는 사람 만나지 않기 – 남이 아닌 나 자신에게 집중하기

7. 오늘 하루, 나의 핵심 감정은 무엇인가요?

당황, 감사.

선배가 갑자기 외부 지원을 나가는 바람에 선배의 업무를 대신 담당했다. 아직 전문 지식이 많지 않은 상태에서 클라이언트에게 답변을 보내는 것이 만만치 않아서 당황스럽고 힘들었다. 게다가 1차 답변이 마음에 들지 않는다는 피드백에 더욱더 당황했고 걱정스러웠다. 하지만 그런 과정에서 부족한 부분을 깨닫게 되었고 성장할 수 있어서 감사했다.

8. 오늘의 감사(감사합니다, 미안합니다, 용서합니다, 사랑합니다, 축복합니다)

모르는 것이 많은 나를 믿고 맡긴 선배와 부족한 답변에도 기다려 주고 성장에 도움을 준 클라이언트에게 감사합니다. 점심시간마다 동료를 챙기는 동료의 남편과 비교해서 무심하고 털털한 남편에게 말도 안 되는 짜증과 트집을 잡아서 미안합니다. 군것질하지 않는다고 다짐했는데, 스트레스 때문에 어쩔 수 없다면서 합리화하고 과자를 먹은 나를 용서합니다. 시험을 준비하느라 얼굴도 보기 힘든 아이를 사랑합니다. 우리 가족을 위해 매일 성실하게 주어진 일에 최선을 다하고 수고하는 남편을 축복합니다.

월   일   요일 | 샘 감정 일기

1. 나는 주로 언제 이러한 감정을 느끼나요?

2. 나는 오늘 이 감정을 느꼈나요? 느꼈다면 언제, 어떤 상황에서 느꼈나요?

3. 나는 이 감정을 느낄 때 주로 어떻게 반응하나요?

4. 오늘 혹은 과거에 이 감정을 느꼈을 때 진심으로 하고 싶은
   말과 행동은 무엇인가요?

5. 만약 진심으로 하고 싶은 말과 행동을 하지 못했다면 이유는 무엇인가요?

6. 이 감정을 느낄 때 하고 싶은 말과 행동, 그것을 하기 위한
   액션플랜 3가지를 작성하세요.

7. 오늘 하루, 나의 핵심 감정은 무엇인가요?

8. 오늘의 감사(감사합니다, 미안합니다, 용서합니다, 사랑합니다, 축복합니다)

＊ 일주일 간 가장 많이 느낀 감정은 무엇인가요?

예시 다른 사람들은 어떻게 썼을까?

＊ 일주일 간 가장 많이 느낀 감정은 무엇인가요?

그리움, 평온함.

이번 주에 돌아가신 엄마 꿈을 두 번이나 꾸었다. 예전에는 꿈에서 엄마를 보면 슬프고 우울해서 일을 제대로 하지 못했는데, 이제는 엄마가 그립고 보고 싶기는 해도 몸과 마음이 평온하다. 단단해지는 내 모습을 엄마 역시 바랄 거라고 믿으며 그리움과 평온함을 가장 많이 느낀 한 주였다.

6주차

26. 만족

오늘의 감정은 만족입니다. 최근에 언제, 어떤 상황에서 만족스러웠는지 기억하시나요? 만족이라는 감정은 감정 자체에 대한 언급('만족스럽다'는 말) 보다는, 만족이라는 본연의 느낌 자체에 충실한 감정이 아닌가 싶습니다.

만족은 필요가 채워지면 느끼는 감정입니다. 일상에서는 주로 유무형의 서비스를 제공받을 때 느낄 수 있습니다. 고장 난 가전제품이 말끔히 수리되었을 때 느끼는 감정이 만족이지요. 이처럼 만족의 충족도에 따라 고객의 충성도가 변하고 기업의 실적이 좌우되기 때문에 기업들은 고객 만족도 조사를 합니다. 기업의 만족도 조사는 숫자와 예시가 있어서 한눈에 만족도를 알 수 있고 나타낼 수 있습니다. 하지만 정작 나 자신에 대한 만족도는 알지 못하는 경우가 많습니다. 그래서 오롯이 만족을 누리고 표현해야 할 때도 자린고비처럼 인색함을 드러내기도 합니다.

주로 어떤 욕구가 충족될 때 만족하시나요? 저는 얼마 전 구매한 상품에 대한 리뷰와 건의사항을 작성한 적이 있는데요. 그때 저의 건의사항이 받아들여져서 만족스러웠습니다. 수용, 인정, 상호성, 협력, 소통, 연결의 욕구가 채워졌음을 느낄 수 있었습니다.

우리는 보통 외부 요인과 상황이 채워져야 만족할 수 있다고 생각합니다. 그러나 외부 요인과 관계없이 욕구에 집중해 보세요. 그리고 언제, 어떻게 만족했는지 살펴보세요. 만족이라는 감정을 충분히 느낄 수 있을 뿐만 아니라, 나와 한층 더 친밀하고 좋은 관계를 맺을 수 있습니다. 그렇게 나와 좋은 관계를 맺을 때, 세상의 자극에 고슴도치처럼 반응하지 않고 삶의 모든 것에 선택권을 발휘하는 너그러운 주인으로 살 수 있습니다.

어떤 사람을 삶의 주인이라고 할까요? 주변에 떠오르는 사람이 있으신가요? 그 사람은 어떤 특징을 지니고 있나요? 자신에게 선택권이 있다는 사실을 인식하고, 스스로 선택하고 책임지는 사람을 삶의 주인이라고 할 수 있습니다. 이제는 외부 자극에 따라 변하는 수동적인 만족이 아닌, 스스로에 대한 능동적인 만족을 탐구해야 할 차례입니다.

예시   다른 사람들은 어떻게 썼을까?

○월 ○일 ○요일 │ 만족 감정 일기

1. 나는 주로 언제 이러한 감정을 느끼나요?

계획한 것을 실천하고 실행했을 때. 내가 이룬 성과나 결과에 흡족할 때. 나 자신과의 약속을 잘 지켰을 때. 생각지도 못한 행운이 올 때. 목표로 한 일을 다하고 쉴 때. 집 청소를 다 했을 때. 이보다 더 열심히 살 수 없다는 생각이 들 정도로 열심히 산다는 생각이 들 때. 읽기 어려운 장편 소설이나 벽돌 책, 학술 서적을 포기하지 않고 완독했을 때. 본질에 충실한 서비스를 제공받을 때. 내 입에 딱 맞는 음식을 먹을 때.

2. 나는 오늘 이 감정을 느꼈나요?
느꼈다면 언제, 어떤 상황에서 느꼈나요?

아침에 오늘 하루 동안 실천할 목표 3가지를 정한 뒤, 강아지 목욕과 산책, 독서, 도시락 반찬 만들기를 모두 마치고 카모마일티를 마실 때 무척 만족스럽고 상쾌했다.

3. 나는 이 감정을 느낄 때 주로 어떻게 반응하나요?

마음이 즐겁고 너그러워진다. 자신감과 성취감을 느끼고 표정이 밝아진다. 평소보다 많이 웃는다. 감정을 충분히 음미하고 느끼면서 다음에도 만족스러우려면 어떻게 할지를 생각한다. 주위 사람들과 함께 축하하거나 축하를 받는다. 뿌듯하고 좋지만 다른 사람이 알 정도로 특별한 반응은 보이지 않고 가만히 있는다.

**4. 오늘 혹은 과거에 이 감정을 느꼈을 때 진심으로 하고 싶은
말과 행동은 무엇인가요?**

　내가 언제 만족을 느끼는지 나에 대해 탐구하고, 만족을 더 자주 느낄 수 있도록 하루를 계획한다. 아무 때나 오는 감정이 아니니 마음껏 누린다. 너무 잘했고 대견하니 쇼핑이든 무엇이든 나에게 보상을 준다. '계획대로 하느라 수고했어, 대견해'.

**5. 만약 진심으로 하고 싶은 말과 행동을 하지 못했다면
이유는 무엇인가요?**

　용기가 없어서. 누구나 하는 거고, 누구나 할 수 있다고 생각해서. 내가 이렇게 만족해도 될까 싶은 두려움 때문에. 만족하면 안주하고 정체될 것 같아서. 이 감정이 금방 사라질까 전전긍긍해서. 나에 대해 탐구하고 알아갈 필요성을 느끼지 못해서. 감정에 별로 관심이 없었기 때문에 만족이라는 감정 역시 스치고 지나가는 순간적인 감정에 지나지 않았다. 만족을 느끼는 것에 감사하거나 기쁨을 느끼기보다 인생은 열심히 살아야 하는 것이라고 생각했기 때문에.

**6. 이 감정을 느낄 때 하고 싶은 말과 행동, 그것을 하기 위한
액션플랜 3가지를 작성하세요.**

　① 아침에 10분 일찍 일어나서 오늘 하루의 목표 3가지와 실천
　　방안을 작성한다. – 만족을 느낄 때 만족하고 있음을 알아차

리고, 만족을 자주 느낄 수 있도록 일기나 블로그에 기록한
다. – 만족의 범위를 넓힐 수 있도록 일주일에 한 번은 사소
한 것이라도 새로운 활동에 도전한다.

② 만족을 느끼는 나를 진심으로 축하한다. – 분위기 좋은 레스
토랑이나 예쁜 카페에 가서 충분히 즐기며 기념한다. – 나를
셀프 칭찬한다.

③ 내 능력을 인정한다. – 수고했다고 소리 내어 말하거나 글로
작성한다. – 반복한다.

7. 오늘 하루, 나의 핵심 감정은 무엇인가요?

편안함, 만족.

7년째 다니는 단골 미용실 원장님에게 알아서 어울리는 염색과
컷을 해달라고 했다. 구구절절 설명하지 않아도 내가 무엇을 원하
는지 잘 맞춰 줘서 마음이 편안했다. 예상대로 염색과 컷 모두 마
음에 들어서 만족스러웠다.

8. 오늘의 감사 (감사합니다, 미안합니다, 용서합니다, 사랑합니다, 축복합니다)

미용실에서 원장님 지인분이 간식과 귤을 나눠 주셔서 맛있게
잘 먹었습니다. 감사합니다. 엄마가 부탁한 화장품을 깜빡 잊고
주문하지 않아서 미안합니다. 주차 공간이 넓은데도 불구하고 문
콕하고 도망간 차주를 용서합니다. 한 겨울인데도 추위가 무색하
게 아름다운 색상과 모습으로 눈과 마음을 즐겁게 해주는 아름다
운 화병의 꽃을 사랑합니다. 나 자신을 사랑하고 축복하게 된 내
앞날을 진심으로 축복합니다.

월 　일　요일 | 만족 감정 일기

1. 나는 주로 언제 이러한 감정을 느끼나요?

2. 나는 오늘 이 감정을 느꼈나요? 느꼈다면 언제, 어떤 상황에서 느꼈나요?

3. 나는 이 감정을 느낄 때 주로 어떻게 반응하나요?

4. 오늘 혹은 과거에 이 감정을 느꼈을 때 진심으로 하고 싶은
   말과 행동은 무엇인가요?

5. 만약 진심으로 하고 싶은 말과 행동을 하지 못했다면 이유는 무엇인가요?

6. 이 감정을 느낄 때 하고 싶은 말과 행동, 그것을 하기 위한
   액션플랜 3가지를 작성하세요.

7. 오늘 하루, 나의 핵심 감정은 무엇인가요?

8. 오늘의 감사(감사합니다, 미안합니다, 용서합니다, 사랑합니다, 축복합니다)

27. 즐거움

오늘의 감정은 즐거움입니다. 언제 즐거움을 느끼시나요? 맛있는 음식을 먹고, 영화를 보고, 친구와 대화하고, 좋아하는 취미 생활을 할 때는 물론 공부나 일에 열중할 때도 즐거움을 느낄 수 있습니다.

조금 더 본질적으로 접근하면 즐거움은 감사와 마찬가지로 집중할 때 느낄 수 있는 감정입니다. 당연하고 일상적이지만 자신에게 주어진 시간과 일상, 자연처럼 내게 있는 것에 집중할 때 즐거움을 온전히 느낄 수 있습니다.

아이들은 어른보다 즐겁고 재미있는 순간이 훨씬 많습니다. 왜 그럴까요? 집중하기 때문입니다. 아이들은 기어가는 개미를 보면서, 떨어진 낙엽을 한데 모으고 날리면서, 흙을 파고 뿌리면서, 종이에 낙서를 하는 사소한 것에 깔깔대며 웃습니다. 어른이 보기에는 뭐가 그리 재미있을까 싶은 것에도 즐거워하지요.

대부분의 경우 재미 없지만 어쩔 수 없이 억지로 공부합니다. 그런데 간혹 집중해서 문제를 풀고 내용을 암기했을 때, 생각보다 많은 시간이 흐른 사실에 놀랐던 경험이 있습니다. 그때 어떤 기분이셨나요? 의외의 즐거움과 희열을 느끼지 않으셨나요? 실제 '공부벌레'로 불리는 사람들을 보면 상당한 집중력으로 공부를 즐긴다는 사실을 알 수 있습니다. 이렇게 스스로 선택해서 집중할 때 즐거움과 기쁨을 누릴 수 있습니다.

저는 오래도록 변두리의 삶을 살았습니다. 변두리에 있으면서도 중심부에 있다고 착각했습니다. 그때는 즐거움과 기쁨을 제대로 누리지 못했고, 무엇이 즐거운지도 잘 몰랐습니다. 삶에 대한 즐거움과 감사는 없었고, 일상은 무료하고 지루한 것으로 치부했습니다. 주변이 바뀌어야 즐거운 인생을 살 수 있다고 생각했습니다. 그래서 저를 제외한 나머지가 변화하기만을 기다렸습니다. 그러니 즐거움이 찾아올 리 만무했습니다. 지금은 매일 비슷한 일상에서도 즐거움과 기쁨을 누립니다. 즐거움은 이벤

트가 아닌 제 선택과 집중에 있음을 깨달았기 때문입니다.

일상의 소소한 것에 잠시나마 온전히 집중해 보세요. 지금까지 느끼지 못한 즐거움과 기쁨을 느낄 수 있습니다. 집중할 때 삶의 중심부에 거할 수 있습니다. 내 인생을 살면서도 평생 변두리에 머무른다면 그 삶을 온전히 내 삶이라고 할 수 있을까요? 삶의 중심에서 오롯이 집중할 때 즐거움, 만족, 기쁨, 행복과 감사를 누릴 수 있습니다.

예시   다른 사람들은 어떻게 썼을까?

○월 ○일 ○요일 │ 즐거운 감정 일기

1. 나는 주로 언제 이러한 감정을 느끼나요?

골프 칠 때. 아이들과 외식할 때. 배우는 것에 진척이 있을 때. 계획한 대로 이루고 있을 때. 쇼핑할 때. 취미 생활을 할 때. 뜻밖의 행운이 찾아왔을 때. 대화가 잘 통하는 사람과 대화할 때. 땀 흘리고 운동한 후 개운하게 씻고 맛있는 음식을 먹을 때. 다이어리나 SNS에 소소한 일상을 기록하고 정리할 때. 너무 덥거나 춥지 않고 온습도와 햇빛이 적당한 날 야외 활동을 할 때. 어렵고 힘든 일을 마침내 해결했을 때.

2. 나는 오늘 이 감정을 느꼈나요?
느꼈다면 언제, 어떤 상황에서 느꼈나요?

오래전에 배우다 그만둔 피아노를 요즘 다시 배우는데, 지난주까지 잘 치지 못했던 악보를 끝까지 다 칠 수 있어서 뿌듯하고 즐거웠다.

3. 나는 이 감정을 느낄 때 주로 어떻게 반응하나요?

힘든 줄 모르고 계속한다. 이런 즐거움을 누릴 수 있다는 사실에 내적 또는 외적으로 감사를 표한다. 더 큰 즐거움을 느낄 수 있도록 집중하고 몰두한다. 현재에 집중하며 다른 사람들과 즐거움을 나눈다. 많이 웃는다. 콧노래를 부르고 춤을 추기도 한다.

4. 오늘 혹은 과거에 이 감정을 느꼈을 때 진심으로 하고 싶은 말과 행동은 무엇인가요?

즐거운 순간에 오롯이 집중하고 느낀다. 즐거움을 느낄 수 있음에 감사한다. 아무 때나 오는 감정이 아니니 마음껏 누리자! 다음에도 이렇게 즐거울 수 있도록 해보자. 뭐든지 시작하면 할 수 있다. 매일 이런 날이 올 줄 알았는데 그때 좀 더 아이들에게 잘해 줄걸.

5. 만약 진심으로 하고 싶은 말과 행동을 하지 못했다면 이유는 무엇인가요?

행복이 평생 지속될 거라는 자만심 때문에. 내가 누리는 것은 당연하다는 생각 때문에. 다음에도 이렇게 좋을 수 없다는 부정과 의심 때문에. 혹시나 실망할까 봐. 이렇게 즐거워해도 되는지 의구심이 들어서. 인생을 게으르게 사는 것 같아서. 즐거움은 내게 사치라는 생각 때문에. 인정받으려면 현재의 즐거움에 안주하면 안 된다는 생각 때문에.

6. 이 감정을 느낄 때 하고 싶은 말과 행동, 그것을 하기 위한 액션플랜 3가지를 작성하세요.

① 매일 야외에서 햇빛 받으며 산책하기 – 주말 하루는 동네를 벗어나서 야외 활동하기 – 좋아하는 친구와 한 달에 한 번씩 만나서 맛있는 것 먹으며 수다 떨기

② 다양한 즐거움을 느낄 기회(동호회 가입, 온라인 모임 참석, 학원 수강)를 적극적으로 만든다. – 누군가 옆에 있다면 즐거움과 행복을 말과 행동으로 표현한다. – 어떤 경우에 즐거운지 탐색한다.

③ 소리 내어 웃기 – 연주 듣기 – 연습하기

7. 오늘 하루, 나의 핵심 감정은 무엇인가요?

감사.

오랜만에 만난 친구들이 기차역까지 배웅을 나오고 선물까지 안겨줘서 감사했다. 사람 때문에 피곤하고 지칠 때가 많지만, 결국 사람이 가장 큰 재산이고 복이라는 생각에 진심으로 감사가 우러나온 하루였다.

8. 오늘의 감사(감사합니다, 미안합니다, 용서합니다, 사랑합니다, 축복합니다)

아프지 않고 건강하게 차려놓은 맛있는 음식을 먹고 맘 편히 가족들과 이야기할 수 있어서 감사합니다. 좁은 집으로 이사 간다고 불평해서 남편에게 미안합니다. 늘 불평불만이 많은 나, 하나도 그냥 넘어가지 않는 뾰족한 나를 용서합니다. 잘 하고 싶은 마음이 커서 그런 것 같습니다. 늘 인정받기 위해 고군분투하며 살았는데 결혼을 통해 안정과 평화를 누리게 해 준 남편과 시댁 식구들을 사랑합니다. 언제봐도 늘 한결같은 고향 친구들을 축복합니다.

월　　일　　요일 | 즐거움 감정 일기

1. 나는 주로 언제 이러한 감정을 느끼나요?

2. 나는 오늘 이 감정을 느꼈나요? 느꼈다면 언제, 어떤 상황에서 느꼈나요?

3. 나는 이 감정을 느낄 때 주로 어떻게 반응하나요?

4. 오늘 혹은 과거에 이 감정을 느꼈을 때 진심으로 하고 싶은
   말과 행동은 무엇인가요?

5. 만약 진심으로 하고 싶은 말과 행동을 하지 못했다면 이유는 무엇인가요?

6. 이 감정을 느낄 때 하고 싶은 말과 행동, 그것을 하기 위한
   액션플랜 3가지를 작성하세요.

7. 오늘 하루, 나의 핵심 감정은 무엇인가요?

8. **오늘의 감사**(감사합니다, 미안합니다, 용서합니다, 사랑합니다, 축복합니다)

28. 자랑

오늘의 감정은 자랑입니다. 평가 없는 자랑은 없을 정도로 자랑은 평가와 인정에 뒤따릅니다. 자신 또는 타인에 대한 평가, 그에 따라 인정받고 싶은 욕구로 인해 나타나는 감정이지요. 평가에 익숙한 세상에서 비교와 평가 없이 사는 것은 불가능한 것처럼 보이기도 합니다. 하지만 타인에 대한 평가 대신 나 자신이 해낸 소소한 성취를 스스로 인정할 때 자랑 이상의 자부심과 자존감을 쌓아갈 수 있습니다.

원하는 결과를 냈을 때만 인정하는 것은 인정이 아닙니다. 결과를 만들지 못해도, 실수하고 좌절하고 넘어져도, 때로는 나 자신이 미덥지 못하고 못마땅한 순간조차 있는 그대로 나를 인정하는 것이 진정한 인정과 사랑입니다. 남들은 드러난 결과 하나로 판단할지라도 나만큼은 나를 무조건적으로 수용하고 사랑할 필요가 있습니다. 내가 나를 그렇게 보지 않으면 누가 나를 그렇게 볼 수 있을까요?

자신을 인정하고 사랑하기에도 부족한 짧은 인생입니다. 더 이상 의미 없는 남들의 자랑이 되기 위해 노력하지 않았으면 합니다. 우리는 자기 자신을 사랑하기 위해 태어났습니다. 다른 사람의 인정과 사랑에 따라 좌우되는 존재가 아닙니다. 우리 모두의 다름을 인정할 때, 나 자신의 능력과 고유성에 집중하고 사랑할 수 있습니다. 어느 누구도 완벽한 사람은 없습니다. 완벽해야만 사랑받을 수 있다면 이 세상에 사랑받을 수 있는 사람은 단 한 명도 존재하지 않습니다.

사랑은 수많은 실수와 상처를 지니고 있습니다. 완벽한 방식의 완전한 사랑은 없습니다. 사랑 역시 시행착오를 통해 더욱더 풍성하고 아름답게, 다채로운 모습으로 열매를 맺을 수 있습니다. 이런 방법 저런 방법, 이런 도전과 저런 도전 자체가 열매를 맺는 과정이며, 과정 없이는 열매가 맺어지지 않는다는 사실을 기억하세요. 열매는 다른 사람이 아닌 나를 위한 열매입니다. 나는 존재 자체로 충분히 자랑스럽고 사랑스러운 사람입니다.

예시   다른 사람들은 어떻게 썼을까?

○월 ○일 ○요일 │ 자랑 감정 일기

1. 나는 주로 언제 이러한 감정을 느끼나요?

　엄청나게 노력을 많이 들인 일에 좋은 성과를 냈을 때. 다른 사람들은 어려워서 하기 힘들다고 한 일을 해냈을 때. 고가의 물건을 샀을 때. 내가 승진하거나 남편이 승진했을 때. 아이가 좋은 성적을 받았을 때. 취득하기 힘든 자격증을 취득했을 때. 흔히 가지 못하는 여행지를 다녀왔을 때. 남들이 쉽게 할 수 없는 경험을 했을 때.

2. 나는 오늘 이 감정을 느꼈나요?
느꼈다면 언제, 어떤 상황에서 느꼈나요?

　명품 가방을 샀다. 몇 달 전부터 사고 싶었지만, 순간적인 충동에 위한 소비를 막기 위해 석 달 뒤에도 사고 싶으면 그때 사자고 결심한 가방이었다. 충동을 이겨낸 것이 가장 자랑스럽고, 더불어 가방을 살 능력이 있다는 사실도 자랑스러웠다.

3. 나는 이 감정을 느낄 때 주로 어떻게 반응하나요?

　카카오톡 프로필을 변경하거나 SNS에 올린다. 마음껏 떠들고 싶지만 이미지를 고려해 은근슬쩍 돌려서 이야기한다. 사람들이 나를 어떻게 생각할지 사람들의 반응을 먼저 살핀다. 나를 안 좋게 볼 것 같아서 절대 겉으로 티 내지 않고 아무런 이야기도 하지 않는다. 남편과 여동생에게 신나게 이야기하거나 문자를 보낸다. 제일 친한 친구에게만 말한다.

4. 오늘 혹은 과거에 이 감정을 느꼈을 때 진심으로 하고 싶은 말과 행동은 무엇인가요?

표현하고 싶은 내 욕구를 존중해서 SNS나 카카오톡 프로필에 올린다. 친한 친구에게 솔직하게 이야기하고 함께 기뻐하고 축하받는다. 자랑해도 나를 이상하게 생각하거나 미워하지 않을 사람들에게 이야기한다. 내 안의 인정과 관심의 욕구를 알아차리고 나 스스로 인정한다.

5. 만약 진심으로 하고 싶은 말과 행동을 하지 못했다면 이유는 무엇인가요?

내가 나를 인정하기보다 다른 사람의 인정과 관심, 존중을 받고 싶어서. 내가 한 것보다 하지 못한 것에 초점을 맞춰서. 나는 부족한 게 많다고 생각해서. 다른 사람과 나를 비교해서. 나를 싫어하고 미워할까 봐. 그동안 쌓은 이미지를 깎아내릴 것 같아서.

6. 이 감정을 느낄 때 하고 싶은 말과 행동, 그것을 하기 위한 액션플랜 3가지를 작성하세요.

① 자랑하기 전에 자랑하고 싶은 기쁨과 즐거움, 감사, 행복을

충분히 느낀다. – 믿을 수 있는 사람들과 기쁨을 충분히 나눈
다. – 반복한다.

② 자랑했을 때 다른 사람의 입장을 생각해본다. – 내가 생각해
도 기분이 좋지 않을 것 같으면 자랑하지 않는다. – 자랑으로
충족된 욕구와 자랑스러운 일을 일기에 작성해서 스스로를
독려하고 공감한다.

③ SNS에 올리지 않는다. – 나를 집중하고 탐색한다. – 반복한다.

7. 오늘 하루, 나의 핵심 감정은 무엇인가요?

걱정, 당황.

몇 달 전부터 엄마가 다리가 많이 아파서 걷기 힘들다고 하셨
다. 며칠 전 병원에 다녀온 후 수술을 받아야 한다고 했다. 수술 비
용과 수술 후 치료에 관한 얘기를 듣고 걱정스럽고 당황스러워서
종일 일이 손에 잡히지 않았다.

8. 오늘의 감사(감사합니다, 미안합니다, 용서합니다, 사랑합니다, 축복합니다)

먼저 연락을 하지 않는 성격인데, 소식이 뜸했던 친구에게 용기
내서 먼저 문자를 보냈더니 친구가 반가워했고 약속까지 잡을 수
있어서 감사합니다. 미숙한 방식으로 화를 내버리는 바람에 남편
의 마음을 아프게 해서 미안합니다. 화에 대한 액션플랜대로 실행
하지 않고 여전히 익숙한 방식으로 화를 표출한 나를 용서합니다.
사는 게 바쁘고 정신없어서 잘 챙기지 못하는 며느리인데, 늘 따
뜻한 말로 사랑을 주시는 시부모님을 사랑합니다. 오늘도 당직을
서는 남편을 축복합니다.

월   일   요일 │ 자랑 감정 일기

1. 나는 주로 언제 이러한 감정을 느끼나요?

2. 나는 오늘 이 감정을 느꼈나요? 느꼈다면 언제, 어떤 상황에서 느꼈나요?

3. 나는 이 감정을 느낄 때 주로 어떻게 반응하나요?

4. 오늘 혹은 과거에 이 감정을 느꼈을 때 진심으로 하고 싶은
   말과 행동은 무엇인가요?

5. 만약 진심으로 하고 싶은 말과 행동을 하지 못했다면 이유는 무엇인가요?

6. 이 감정을 느낄 때 하고 싶은 말과 행동,
   그것을 하기 위한 액션플랜 3가지를 작성하세요.

7. 오늘 하루, 나의 핵심 감정은 무엇인가요?

8. 오늘의 감사(감사합니다, 미안합니다, 용서합니다, 사랑합니다, 축복합니다)

29. 안심

오늘의 감정은 안심입니다. 언제 안심을 느끼시나요? 불안이 많은 저에게 안심은 상당히 중요하고 소중한 욕구 이상의 가치이자 감정입니다. 사람마다 자신만의 핵심 욕구가 있는데, 안심은 저의 핵심 욕구 중 하나입니다. '나는 왜 나를 그토록 보호하고 싶을까? 왜 예측가능성이 중요할까?'라는 질문에 몰입할 때마다 마주하는 단순명료한 이유는 '안심하고 싶어서'입니다.

불안이 높을수록 통제할 수 없는 외부 요소에 집착하고, 통제하려고 합니다. 나를 제외한 다른 것들을 변화시키고 뜻대로 하기 위해 애를 씁니다. 예전의 저도 그랬습니다. 저에게는 문제가 없다고 생각했기 때문에 문제가 있는 외부 요인들을 변화시키려고 애를 썼습니다.

저 자신도 제 뜻대로 되지 않는데 어떻게 외부의 수많은 변수를 제가 마음대로 쥐락펴락할 수 있을까요? 이 사실을 깨닫자 그나마 뜻대로 할 수 있는 저 자신과 제가 통제할 수 있는 것에 집중했습니다. 거창하고 대단한 것이 아니어도 제가 할 수 있는 일상의 사소한 것에 집중했습니다. 그랬더니 놀랍게도 그토록 얻고 싶어했던 안심을 얻을 수 있었습니다.

지금의 저는 운동을 하고 건강한 식습관과 규칙적인 생활을 실천하기 위해 노력합니다. 현재와 노후의 경제적인 안정이 염려될 때마다 한 걸음 더 걷고 운동합니다. 원하는 수준의 경제력을 당장 지닐 수는 없지만, 현재는 물론 노후의 몸과 마음의 건강만큼은 저에게 달려있습니다. 몸과 마음이 건강해지는 만큼, 제가 원하는 삶에 가까이 다가가고 있음을 확신합니다. 저를 돌보고 챙길 때마다 안심의 그릇이 확장되어 너그러움의 열매까지 맺히는 것을 보며 더더욱 제가 할 수 있는 것에 집중합니다.

안심하고 싶은데 상황이 여의치않다고 생각하시나요? 안심은 스스로 만드는 것입니다. 안심하기 위해 나는 지금 무엇을, 어떻게 할 수 있을까요?

○월 ○일 ○요일 │ 안심 감정 일기

1. 나는 주로 언제 이러한 감정을 느끼나요?

　내가 원하는대로 상황이 흘러갈 때. 좋은 결과와 점수를 얻었을 때. 가족들이 모두 건강하고 아프지 않을 때. 아이가 지각하지 않고 별 탈 없이 학교에 갔을 때. 일하다 몰라서 쩔쩔매고 있는데 생각지 않은 도움을 받을 때. 길치인 내가 처음 가는 장소를 제시간에 무사히 찾아갈 때. 어색하고 불편한 사람들과 있다가 집에 돌아왔을 때. 발표와 강의를 무사히 마치고 나서. 아침에 세운 하루의 목표를 모두 완수하고 나서.

2. 나는 오늘 이 감정을 느꼈나요?
　느꼈다면 언제, 어떤 상황에서 느꼈나요?

　한 번도 가보지 않은 곳에서 모임이 열려서 며칠 전부터 신경쓰였다. 나는 지도를 보고도 반대로 간 적이 많아서 일찍 출발했음에도 헤매다 늦은 적이 많았다. 집에서 예상 시간보다 한 시간 더 여유있게 출발했고, 제시간에 도착해 마음 편히 즐거운 시간을 보낼 수 있었다.

3. 나는 이 감정을 느낄 때 주로 어떻게 반응하나요?

　마음 편히 뒹굴거린다. 안심을 느낀 상황에 대해 믿을만한 친구나 가족에게 이야기한다. 감사 기도를 한다. 긴장이 풀어져서 말이 많아지고 행동이 커진다. 미소를 짓는다. 감사를 표현한다. 평소와 별다름 없이 생활한다.

4. 오늘 혹은 과거에 이 감정을 느꼈을 때 진심으로 하고 싶은 말과 행동은 무엇인가요?

계획대로 이룬 나를 칭찬하고 격려한다. 내 성취에 대해 자랑스럽게 여긴다. 충분히 쉬면서 안심을 누리고 싶다. 상대방에 대한 감사를 말과 행동으로 직접 표현한다. 쉬고 싶은 만큼 쉬어도 괜찮다고 말하고 싶다. 다른 사람들과 소통하며 안심을 충분히 누리고 싶다.

5. 만약 진심으로 하고 싶은 말과 행동을 하지 못했다면 이유는 무엇인가요?

안심을 누리면 나태하고 게을러질까 봐. 다른 사람들은 당연히 하는 것을 나만 제대로 못한다는 생각에. 표현하지 않아도 상대방이 안다고 생각해서. 소소한 일로 감사를 표현하는 게 어색해서. 이 정도는 누구나 누린다고 생각해서.

6. 이 감정을 느낄 때 하고 싶은 말과 행동, 그것을 하기 위한 액션플랜 3가지를 작성하세요.

① 친구와 가족에게 연락한다. - 축하를 온전히 받는다. - 나에게 소소한 보상을 한다.

② 스마트폰을 두고 산책한다. - 산책하는 동안 나 자신에게 격려와 응원의 말을 한다. - 반복한다.

7. 오늘 하루, 나의 핵심 감정은 무엇인가요?

뿌듯함, 자랑.

주말이면 늦잠 자고 배달음식 시켜서 종일 넷플릭스 보고 뒹구는 게 일상이었다. 그런데 한 달 넘게 감정 일기를 작성하고 아침마다 3가지 목표를 설정하고 점검하면서 외출하고 운동하는 것이 익숙해졌다. 햇빛이 좋고 집에만 있기 아까워서 작년 이후 한 번도 쓰지 않은 돗자리를 챙겨서 집 근처의 공원에 가서 자전거를 탔다. 이렇게 할 수 있는데, 그동안 왜 그토록 생각과 행동을 바꾸기 힘들었는지 모르겠다. 루틴의 중요성을 다시금 깨달으며, 나에게 유익한 것을 선택하고 실행하는 나 자신이 뿌듯하고 자랑스러웠다.

8. 오늘의 감사(감사합니다, 미안합니다, 용서합니다, 사랑합니다, 축복합니다)

내 음식이 그리 맛있지 않은 것은 나도 잘 아는데 군말 없이 맛있게 먹는 남편에게 감사합니다. 친구는 한 번도 내 생일을 잊은 적이 없는데, 나는 친구 생일을 깜빡 잊어서 진심으로 미안합니다. 덜렁거리고 실수가 잦은 나를 용서합니다. 실수도 많고 다른 사람들에 비해 부족한 점이 많은 것 같지만, 있는 모습 그대로의 나를 사랑합니다. 돗자리에 물과 음식을 쏟고 당황스러워할 때 물티슈를 건네주며 도와준 부부를 축복합니다.

월   일   요일 | 안심 감정 일기

1. 나는 주로 언제 이러한 감정을 느끼나요?

2. 나는 오늘 이 감정을 느꼈나요? 느꼈다면 언제, 어떤 상황에서 느꼈나요?

3. 나는 이 감정을 느낄 때 주로 어떻게 반응하나요?

4. 오늘 혹은 과거에 이 감정을 느꼈을 때 진심으로 하고 싶은
   말과 행동은 무엇인가요?

5. 만약 진심으로 하고 싶은 말과 행동을 하지 못했다면 이유는 무엇인가요?

6. 이 감정을 느낄 때 하고 싶은 말과 행동, 그것을 하기 위한
   액션플랜 3가지를 작성하세요.

7. 오늘 하루, 나의 핵심 감정은 무엇인가요?

8. 오늘의 감사(감사합니다, 미안합니다, 용서합니다, 사랑합니다, 축복합니다)

30. 감사

오늘의 감정은 감사입니다. 감사가 없는 삶을 생각해 보셨나요? 감사가 없으면 삶은 시기, 다툼, 질투, 불평, 불만, 우울, 슬픔, 짜증과 화로 가득한 암흑 같은 밤이 되겠지요. 아무리 짜증나고 힘들고 지친 일상일지라도 작은 감사만 찾을 수 있다면 삶을 희망적으로 바라볼 수 있습니다.

감사는 행복의 시작이자 마무리이며 사랑과 기쁨, 축복을 무한히 만들어 내는 삶의 마법 지팡이라고 할 수 있습니다. 삶에서 '당연함'만 지우면 언제, 어디서나, 항상 느낄 수 있는 것이 '감사'입니다.

저는 특히 감정이 존재한다는 사실에 감사합니다. 깊이 숨어있어서 알수 없던 욕구를 알게 된 것은 바로 감정이 존재하기 때문입니다. 감정이 있다는 사실과 다양하게 존재하는 모든 감정에 감사할 수 있으면 좋겠습니다. 시기, 질투, 미움, 화, 분노, 두려움, 불안, 슬픔, 짜증, 외로움, 원망같은 감정은 나쁘거나 느끼지 말아야 하는 악한 존재가 아닙니다. 그 감정을 느끼는 나 자신도 결코 잘못됐거나 악하지 않습니다. 누군가에 대한 미움과 질투가 생기면 그 감정 뒤에 있는 욕구를 살펴보면서 자신을 이해하고 공감할 수 있습니다.

감정은 나 자신을 위해서, 충분히 느끼고 음미하기 위해서 존재합니다. 나를 나답게 하기 위해서, 나를 보호하고 사랑하기 위해서, 나를 성장하고 성숙하게 하기 위해서 존재한다는 사실을 기억하세요.

감사 요법이 있을 정도로 감사는 강력한 힘을 발휘합니다. 삶의 모든 면에 작용해서 삶을 윤택하고 풍요롭게 만듭니다. 지금까지 작성한 것처럼, 앞으로도 매일 감정 일기와 감사 일기를 꾸준히 써보세요. 하루 동안의 사건과 상황에 대한 진심 어린 감사를 작성하면 과열된 편도체가 안정되면서, 몸과 마음에 긍정적인 효과를 일으킵니다. 실제로 잠들기 전 작성하는 감사 일기는 수면과 불안 완화에 효과가 있습니다.

'그럼에도 불구하고' 감사를 찾고 선택할 때, 흔들려도 언제나 제 자리를 지키는 '뿌리 깊은 나'로 살 수 있습니다.

예시 다른 사람들은 어떻게 썼을까?

○월 ○일 ○요일 │ 감사 감정 일기

1. 나는 주로 언제 이러한 감정을 느끼나요?

아이들과 외식할 때. 남편과 근교를 드라이브할 때. 가족들 모두 건강하고 자기 자리에서 인정받을 때. 특별한 사건 사고 없이 무탈한 하루를 보낼 때. 아픈 곳 없이 건강하다고 새삼 느낄 때. 부족한 나를 사랑하고 아껴주는 사람들이 곁에 있음을 느낄 때. 언제 어디서든 돌아갈 집과 사랑하는 가족이 있다는 사실에.

2. 나는 오늘 이 감정을 느꼈나요?
느꼈다면 언제, 어떤 상황에서 느꼈나요?

그만두고 싶은 생각이 정말 많았는데 지금까지 동기들 덕분에 힘든 회사 생활을 외롭지 않게 버틸 수 있어서 감사했고, 퇴근 후 선배가 맛있는 저녁식사를 사줘서 더더욱 감사했다.

3. 나는 이 감정을 느낄 때 주로 어떻게 반응하나요?

상대방에게 감사를 말로 표현한다. 감사 기도를 한다. 감사와 행복을 말이든 행동이든 상대방이 알 수 있도록 표현한다.

4. 오늘 혹은 과거에 이 감정을 느꼈을 때 진심으로 하고 싶은 말과 행동은 무엇인가요?

당연하다고 생각하기 전에 감사를 인식하고 마음껏 표현하고 싶다. 모두 자기 맡은 바를 열심히 하니 정말 감사하다고 말하고 싶다. 지금처럼 상대방에게 고마움을 말로 표현하고 싶다. 남편과 가족에게 사소한 것도 감사를 표현하고 싶다. 힘들고 고통스러운 경험에서도 능동적으로 감사를 찾아서 표현하고 싶다.

5. 만약 진심으로 하고 싶은 말과 행동을 하지 못했다면 이유는 무엇인가요?

가까운 사이일수록 굳이 말하지 않아도 알 것 같다는 생각 때문에. 어색하고 민망하고 낯간지러워서. 소중함을 간과하고 당연시해서. 내가 원하는 조건이 이루어져야 감사할 수 있다는 조건적 사고 때문에. 나쁜 일은 나에게 절대 일어나서는 안 된다고 생각했기 때문에 나쁜 일에서는 감사를 찾을 수 없었다.

6. 이 감정을 느낄 때 하고 싶은 말과 행동, 그것을 하기 위한 액션플랜 3가지를 작성하세요.

① 아침마다 긍정 확언하기 – 일상에서 감사를 2개 이상 찾아서 감사 일기 작성하기 – 감사를 직접적으로 표현하기

② 감사 일기 오픈 카톡방을 찾아서 사람들과 감사를 공유한다. – 다른 사람의 감사를 통해 감사를 배운다. – 가족에게 하루에 한 번 감사한 점을 찾아서 말로 표현한다.

7. 오늘 하루, 나의 핵심 감정은 무엇인가요?

즐거움, 후련함.

점심시간에 동료들과 식사하며 상사에 대한 불만을 얘기했다. 한 번도 이런 이야기를 꺼낸 적이 없었는데, 처음에는 묵묵히 듣기만 하다가 나중에 맞장구를 쳤다. 다들 평소에 내가 느낀 것 이상의 불평불만을 토로하며 거침없이 이야기했다. 가슴이 후련하고 시원했고 즐거움마저 느꼈다.

8. 오늘의 감사(감사합니다, 미안합니다, 용서합니다, 사랑합니다, 축복합니다)

맛있는 저녁을 사주고 격려하고 공감해준 선배에게 감사합니다. 선배와 달리 나는 충분히 선배에게 공감과 이해를 해주지 못한 것 같아서 미안합니다. 회사에 대한 불만 때문에 느슨하게 일해도 된다는 합리화와 게으름을 피운 나를 용서합니다. 예전처럼 감정에 휘둘리거나 회피하지 않고 감정의 주인으로 살아가는 나를 진심으로 사랑합니다. 인생의 주인으로 살기 위해 노력하는 이 땅의 모든 사람들을 축복합니다.

월   일   요일 │ 감사 감정 일기

1. 나는 주로 언제 이러한 감정을 느끼나요?

2. 나는 오늘 이 감정을 느꼈나요? 느꼈다면 언제, 어떤 상황에서 느꼈나요?

3. 나는 이 감정을 느낄 때 주로 어떻게 반응하나요?

4. 오늘 혹은 과거에 이 감정을 느꼈을 때 진심으로 하고 싶은
   말과 행동은 무엇인가요?

5. 만약 진심으로 하고 싶은 말과 행동을 하지 못했다면 이유는 무엇인가요?

6. 이 감정을 느낄 때 하고 싶은 말과 행동, 그것을 하기 위한
   액션플랜 3가지를 작성하세요.

7. 오늘 하루, 나의 핵심 감정은 무엇인가요?

8. 오늘의 감사(감사합니다, 미안합니다, 용서합니다, 사랑합니다, 축복합니다)

✱ 일주일 간 가장 많이 느낀 감정은 무엇인가요?

예시　다른 사람들은 어떻게 썼을까?

✱ 일주일 간 가장 많이 느낀 감정은 무엇인가요?

걱정, 긴장.

학년이 바뀌어 적응하느라 학기 초부터 자주 아픈 아이를 보며 걱정되고 긴장되었다. 난 예측가능성이 중요한 사람인데, 갑자기 아프다고 조퇴하거나 학원에 가지 못하겠다는 아이를 보며 안쓰러움과 동시에 긴장감이 많이 든 한 주였다. 아이를 돌보다 보니 일이 늦어지고 일정을 변경해야 해서 내내 걱정과 긴장에 몸과 마음에 누적되는 피로를 느꼈다.

나는 감정의 주인이 될 수 있습니다.

감정의 주인으로 사는 삶 역시

온전히 나의 선택입니다.

감정 일기를 마무리하며

1. 가장 작성하기 힘들었던 감정, 혹은 일상에서 불편하고 벗어나고 싶은
   감정 2~3가지와 이유를 작성해 보세요.

2. 가장 불편하고 벗어나고 싶은 감정을 느낄 때 숨겨진
   나의 욕구는 무엇인가요?(47쪽 욕구 목록 참고)

3. 그 상황에서 습관적으로 해온 말과 행동은 무엇인가요?

4. 앞으로 진정으로 하고 싶은 말과 행동은 무엇인가요?
   액션플랜 3가지와 그에 따른 환경 설정까지 작성해 보세요.

5. 감정 일기를 쓰면서 나는 무엇을 깨닫고 성장했나요?

감정에 우산을 씌워줄 수 있다면

감정은 어찌할 수 없다는 생각, 그래서 책임질 필요가 없다는 생각을 많이 하곤 합니다. 저 역시 오랜 기간 그런 생각이 당연하다고 여겼습니다. 저 사람 때문에, 이런 상황과 사건 때문에 피해를 본다고 생각했습니다. 제 감정이었지만 정작 감정의 주인은 제가 아니었다는 사실을 불혹이라는 나이를 넘겨서야 알게 되었습니다.

감정의 주체가 제가 아니었기 때문에 늘 다른 사람의 눈치 보기가 일상이었습니다. 부모님 눈치, 선생님 눈치, 친구들 눈치, 선배와 후배 눈치, 상사 눈치, 배우자와 시댁 눈치…. 사회생활을 하고 관계의 폭이 넓어질수록 유연하고 편안한 관계보다 눈치를 봐야 하는 사람의 숫자만 늘어나는 것 같았습니다.

다른 사람에게는 배려와 존중으로 여겨졌고 배려심 깊은 사람으로 인정받았지만, 실상은 눈치 보기였습니다. 혼나지 않기 위해, 칭찬받고 인정받기 위해, 호감을 사고 사랑받기 위해, 특별한 존재감을 드러내고 좋은 사람으로 인정받고 싶어서 눈치를 봤습니다. 무엇 때문에 눈치를 보는지 정확히 인식하지 못했지만 제가 원하는 감정을 느끼고, 최소한의 욕구를 채우기 위한 몸부림이자 살아남기 위한 투쟁이라는 사실을 어렴풋이 느꼈기 때문에 마음 한편에 불편함도 공존했던 것 같습니다. 이처럼 저에게는 전쟁 같은 삶이었지만 대부분의 경우 상대방은 저의 눈치를 알아채지 못한 채 무심하거나 심지어 알고도 무시하는 경우도 있었습니다.

그때마다 느낀 좌절과 상처, 아픔과 분노는 상당했습니다. 물론 드러낼 수 없었습니다. 만약 제가 순수한 배려심을 지녔다면 어땠을까요? 상처를 받거나 아파하지 않았겠지요. 배려를 가장한 눈치 보기는 이처럼 스스로를 더 큰 고통과 아픔으로 몰고 갑니다. 그럼에도 상대방의 무심함과 배려 없음 때문에 내가 이토록 힘든 거라며 상대방을 탓하곤 했습니다.

예전의 저처럼 자기 자신으로 살지 못하고, 욕구의 존재조차 인식하지 못한 채 감정의 노예를 자처하는 사람들을 볼 때마다 참으로 마음이 아리고 안타깝습니다. 마음밭에 볕이 고루 들고, 적절한 바람과 양분이 공급될 때는 감정 일기의 필요성이 느껴지지 않습니다. 폭풍과 해일이 몰려오고 비바람이 몰아쳐서 마음밭이 엎어질 때야 후회하는 모습을 봅니다.

'진작 내 마음을 들여다봤다면. 내 삶의 주인으로 살았다면. 감정

과 욕구를 인식하고 다스리는 방법을 배웠다면. 마음에 양분을 충분히 공급해서 단단하게 만들었다면….'

우산이 있으면 소나기가 와도 걱정할 필요가 없습니다. 언제든 우산을 꺼내면 되지요. 이처럼 우리 마음밭에는 예상치 않은 소나기는 물론 폭풍우가 몰아칠 수도 있습니다. 언제, 어떤 강도와 모습으로 휘몰아칠지 알 수 없지만 우산 하나만 있으면 한결 든든합니다. 감정에 우산을 씌워줄 준비가 되셨나요? 내 마음에 우산을 씌워줄 수 있는 사람은 오직 나 한 사람입니다.

나는 개인의 힘은

자기를 바꾸어 보려는

의지에서 나온다고 믿는다.

_이윤기

감정에 끌려다니는 당신을 멈추게 할

감정 일기의 힘

초판 1쇄 인쇄 | 2024년 6월 10일
초판 1쇄 발행 | 2024년 6월 20일

지은이 　　 | 정윤주
펴낸이 　　 | 전준석
펴낸곳 　　 | 시크릿하우스
주소 　　　 | 서울특별시 마포구 독막로3길 51, 402호
대표전화 　 | 02-6339-0117
팩스 　　　 | 02-304-9122
이메일 　　 | secret@jstone.biz
블로그 　　 | blog.naver.com/jstone2018
페이스북 　 | @secrethouse2018
인스타그램 | @secrethouse_book
출판등록 　 | 2018년 10월 1일 제2019-000001호

ISBN 979-11-92312-96-5 03320